30分早起きして
自分を変える

すごい朝時間術

石川和男
Kazuo Ishikawa

SOGO HOREI PUBLISHING CO., LTD

はじめに

あなたに残された、唯一の時間！

もし自由に使える時間が30分あったら、あなたは何に使いたいですか？

・スキルアップのためにビジネス書を読みたい！
・資格試験の勉強をしたい！
・留学するために英語の勉強をしたい！
・好きな推理小説を読みまくりたい！
・健康のために運動したい！
・積読にしてある書籍を読み終わりたい！
・部屋の掃除をしたい！
・先延ばししていたタスクを終わらせたい！

毎日30分。仕事に追われず、自由に使えると思っただけで、多くのことができますよね。


しかし、言うまでもなく1日は24時間です。

スティーブ・ジョブズだけは1日48時間あった……なんてことはありません。

あなたが道のゴミを拾っても、ボーナスとして1日30分増えるわけでもなければ、逆にゴミを捨てても、罰として1日30分減らされることもありません。

1日24時間は全人類、いや全生物に平等に与えられたものなのです。


なのに……持ち時間は平等のはずなのに、なにも夢を実現できずに時間だけが過ぎていく人もいれば、次々とアウトプットして目標を達成、スキルアップをし、キャリアアップを重ね、夢をどんどん叶えて幸せになる人もいます。

この差は、一体どこから来るのでしょうか？

この差は、**ビジネスパーソンに唯一残された時間を無駄にしているか、有効に使っているかの差でしかないのです。**

私たちビジネスに携わる者にとって、唯一残された時間。

それは、ズバリ**「朝の時間」**です！

「えっ！　朝？　早起きするってこと？　何時に起きても、睡眠時間が8時間なら、起きている時間は16時間。そのなかから必要な時間を捻出すれば同じじゃないの？」

もし、そんな疑問が湧いたのなら、あなたは「朝の時間」が持つとんでもないパワーに、まだ気がついていないだけなのです。

断言します！

朝時間を制する者は、未来を制す！

まずは、**いつもより30分早く起きて、この時間をあなたの夢や目標を実現することだけに使ってみませんか？**

自己紹介が遅くなりました。石川和男と申します。

私は現在、5つの仕事をしています。

建設会社の総務経理、大学講師、税理士、時間管理コンサルタント、セミナー講師。

５つの仕事をしていると、知人たちからこんなことを聞かれます。

「よく時間があるね？」
「ほとんど、寝てないでしょ？」
「遊ぶ時間なんて、全然ないんじゃないですか？」

そんな予想をくつがえし、仕事のあとには友人と飲みに行ったり、家族とカラオケに行ったり、休日には大好きな映画やＤＶＤを観て過ごしています。

前述の知人たちの言葉は、そんな私の仕事ぶりとアウトプットを見て、「これは死ぬほど時間に追われているに違いない」と思って、疑問だったのでしょう。

でも、**私は５つの仕事をこなしながらも、まったく時間に追われていません。**

いったいどうして？

それは私が、私たちビジネスパーソンに残された唯一の時間、つまり「朝の時間」

をうまく活用しているからなのです。

私のメインの仕事は、建設会社の総務経理です。ビジネスパーソンなので、月曜日から金曜日までは、8時半までに出社しなければなりません。

その私が、出社前の「朝の時間」を有効活用することで、夢や目標を実現してきました。ほんの一部が以下のとおりです。

・税理士試験に合格
・毎月2本のビジネス記事の連載
・セミナーのコンテンツ作り
・上司の読んでいる本を読み、上司の思いを考えることで、転職1年未満で課長に昇進（創立以来最短記録）
・建設業簿記1級に、通信教育で合格
・日商簿記2級・3級、宅建（宅地建物取引士）に独学で合格
・昇進するたびに、その立場に見合うスキルを習得

・年間200冊の読書
・年1冊のペースで計8冊のビジネス書を執筆

いかがですか？

このように、私は朝の時間で各種資格試験の勉強から、キャリアアップ、スキルアップ、転職先で飛躍するアイディア作り、独立に向けての開業準備など、あらゆる目標を実現してきました。


朝一番に活動することで、人間はとんでもない力を発揮します。

例えば、同じ30分でも朝の30分は、仕事終わりの疲れ果てたあとの30分とは比べ物になりません。まさに、1日のなかで光り輝く「ゴールデンタイム」なのです。


私も、20代後半、毎晩遅くまで残業していたころは、「あと30分、時間があればな～」と、妄想して過ごしていました。

先延ばししていたことが片づかないで、日々ストレスを感じていました。

一念発起して、資格試験やスキルアップの勉強をしようと決めても、退社後は集中できず、睡魔に襲われ、気がついたら座ったまま寝ていることが何度もありました。計画を立てても、残業、上司との飲み会、友人の誘いで、夜は計画通りに進まないことも多く、三日坊主になっていました。

集中力が漲《みなぎ》る、フルパワーで活動できる、メールや電話の誘いなどの邪魔の入らない朝の時間に気がつくまでは、何ひとつ達成できなかったのです。

日々の忙しさに追われる私たちにとって、唯一残された「夢を叶えるための時間」が、この「朝の時間」です。

この宝物のような時間を使って、あなたの夢を叶え、目標を達成させ、先延ばししていることを片づけてください！

本書では、私がこれまでの経験からつかんだ、「あなたに残された唯一の時間」である朝時間の活かし方をすべてお伝えします。

本書が、あなたの人生を劇的に変えるお手伝いになれば幸いです。

CONTENT

第2章 目的設定が、あなたの早起きを加速させる！

第3章 捨てる技術

第6章 朝時間を、夜の3倍、効率的に活用する方法

第7章 誰でも早起きできる10のテクニック

ブックデザイン　小口翔平＋喜來詩織（tobufune）
図表・ＤＴＰ　横内俊彦
校正　池田研一

第 1 章

朝時間を
制する者は、
未来を制す！

1 偏差値30、夜間大学留年、ブラック企業からの逆転劇！

私が働きながら税理士試験や宅建に合格したとか、年1冊のペースでビジネス書を執筆していると聞くと、時折、こんなことを言われることがあります。

「頭がいいんですね」

「もともと、たいして勉強しなくても、できる人だったんですね」

いいえ、いいえ、いいえ！

自慢ではありませんが、ダメダメ人生まっしぐらでした。

高校はなんと偏差値30！　受験者、全員が合格。掛け算の「九九」ができたら卒業（実際は八の段ができればOK）。

大学は、名前さえ書けば受かる夜間の定時制、しかも留年。

今なら100社受けても就職できないでしょうが、私が就職した頃は、バブルの時代。バブルの波に乗って某中小建設会社の経理部に就職。

しかし、実力の「じの字」もない私が職場で活躍できるわけがありません。

何しろ、経理部に入ったのに、簿記の知識はゼロ！

毎日のように、先輩や上司に怒鳴られていました。

自分でも、なかなかのダメダメっぷりだと思います。

しかも、私が入った中小建設会社では、社内にインドのカースト制度のような身分階級が存在していたのです。階級というか、社内での序列です。

それは、上から次のような順番でした。

①に土木、②に建築、③に営業、④⑤がなくて、⑥に女性事務、そして最後に男性事務。

私は社内での序列の最下層である「男性事務」。そのなかでも「使えないヤツ」として怒鳴られていたのですから、自他ともに認めるダメ社員。ぶっちぎりの最下位だったのです。

上位層の土木、建築、営業からは、「誰のおかげで飯が食えていると思っているんだ！」、「事務はいいよな、クーラーのあるところで仕事ができて」などと、嫌味三昧。

こんな状況で、20代の前半までは、毎日、スーツの胸ポケットに辞表をしのばせながら出社していたのです。

このままでは出世の望みはないし、先輩からは怒鳴られ、他の部署からは罵声と皮肉を浴びせられる。こんな日々にウンザリしていたのです。

「今日こそ辞表を出そう！」

「今日こそ出そう！」

「今日こそ辞めてやる！」

毎朝、そんなことを考えて出社していた私（今考えると、朝のゴールデンタイムの無駄づかいでした）。

そんな調子で会社に行きますが、いざ上司の顔を見ると、提出することができない……。緊張でお腹も痛い。

思いつめすぎて顔色が悪い私に、「体調悪そうだな！　今日はもう帰っていいぞ」

と、いつもは厳しい上司が、まさかの気づかい。

なぜ、ここでやさしくする……(笑)。

そんな、やさしい言葉によって、嫌われる勇気のない私は、ますます、辞表を出すことができなくなり、ズルズルと不毛な日々を過ごしていたのです。

今、思い返しても、我ながらひどい20代前半でした。

現状を変えられないストレスから、仕事が終わると、飲み歩き、遊びまくり、寝不足で出社ギリギリまで寝ている生活。

そんな、ダメダメ社員を絵に描いたような私に、ある日、１つの転機が訪れたのです。

もし、あの日、「彼」を目撃していなければ、私の人生は、今とはまったく違うものになっていたでしょう。ベッドから起き上がるのが辛かったあの時のように、今でも暗い闇のなかを、さまよっていたかもしれません。

2 謎のオトコの登場で一大決心！

ダメダメ社員人生を突き進んでいた私に、転機は突然訪れました。

ある日のこと。

私が働く会社に、オーダーの高級スーツ、高そうな靴を履いた一人の男がやって来たのです。

驚いたのは、いつもは威張りくさっている土木や建築の部長が、その男にはペコペコしていること。

言い忘れましたが、当時、私がいた会社は、一部上場会社の子会社です。そのため、社長をはじめとする役員は、親会社からの出向、もしくは市や県、警察などのＯＢで占められていました。

なのに、その男、親会社から出向してきている社長とも対等に話をしているではありませんか!

いったい何者なんだ、コイツ!?

その男の正体、それは……。

わが社の顧問税理士!

それまで何度も訪問してきていたのかもしれませんが、私はその日、初めて彼を目撃したのです。

部長たちがペコペコし、社長と対等に会話をしていたその税理士は、仕事を終えると、さっそうとベンツに乗って去っていきました。

私は、その去り行くベンツの後ろ姿を見送りながら、こう思ったのです。

「税理士って、すげーーー!!!」

そして、心に誓ったのです。

「税理士に、オレはなる!!!」

まるで、『ワンピース』の主人公ルフィの「海賊王に、オレはなる!!!」のノリですが、私が無知なことも幸いしました。

その当時、税理士の仕事は「帳簿をつけること」「仕訳をチェックすること」「試算表を作ること」であり、自分がやっている経理の仕事と大して変わらないと思っていたのです。

それなのに、税理士はＶＩＰ待遇を受け、自分は最下層の冷遇。

「よし、それなら税理士になろう!」と、無知で単純、いや素直で純粋だった私は心に誓ったのでした。

目標が定まった私は、それ以来、一人暮らしのワンルームアパートに戻ると、コクヨのＢ５のノートに「夢」や「願望」を書きまくりました。

・税理士になろう!
・１００坪ある実家に帰って、税理士として開業しよう!
・庭は更地にして駐車場にしよう!
・ベンツ、ジャガー、ＢＭＷを買おう!

・運転手を雇って、白い手袋は経費で買ってあげよう！
・高校、大学と迷惑をかけた両親には顧問になってもらって贅沢させてあげよう！
・1階は事務所、2階は住居。地下はプールバー（当時、流行っていた）にして、カウンターには、バランタイン、グレンリベット、ワイルドターキーなどのバーボンやスコッチを置こう！
・仕事のあとは、ジャズを流しながら地下のプールバーでビリヤードをしよう！
・金曜の夜は、顧問先、お客様を招いてパーティーをしよう！

毎日、書き続けるうちに、ノートは、たちまち夢や願望でいっぱいになりました。

そして、そうやって「目標を決め」、それをノートに書き綴っているうちに、なんと！　不思議な現象が起こり始めたのです。

3 あなたが今見ている世界は、「違う世界」なのかもしれない

ある日、税理士を見て、自分も税理士になると決めた私。
すると、不思議な現象が起こり始めました。

当時、私は会社まで歩いて行っていたのですが、毎日のように歩いていた通勤途中の道に、税理士事務所を見つけたのです。

「へえ、こんなところに……。いつの間にできたのかなぁ〜」と思ってよく見ると、看板も古く、どうやら結構な老舗なのです。私が気づいていなかっただけで、ずっと前から、そこに存在していたのです。

それだけではありません。よくＤＶＤを借りているレンタルビデオ店の2階にも、よく遊びに行く友人のマンションの6階にも、税理士事務所がありました。何度も

通っていて、何度も目にしていたはずなのに、まったく認識していなかったのです。

ほら、何度も通っている道なのに、久しぶりに通ったら更地になっていたり、建物のとり壊しがあって工事が始まっている現場を見て、「あれ!? ここ、前は何が建っていたんだっけ？」って思い出せないこと、ありませんか？

人間は、たとえ目に入っていても、意識をしないと、見ているものを認識しないいんです。

逆に、一度意識すると、途端に、それが目につくようになります。

「レクサスが欲しい！」と思った瞬間から、やたらと街角でレクサスが目につくようになる。「奥さんが妊娠した！」もしくは「自分が妊娠した！」、その途端、妊婦やベビーカーを押す夫婦、家族連れで買い物に来ている人に会う機会が急に増える。

急にレクサスに乗る人が増えたわけでも、妊婦や家族連れが増えたわけでもありません。単に、それを見るこちらの認識が変わっただけなのです。

この現象を「カラーバス効果」と言います。直訳すると、「色」を「浴びる」。

簡単に言うと、「ある1つのことを意識することで、それに関する情報が自分の手元にどんどん集まってくる現象」です。もちろん、色に限らず、言葉やイメージ、モノなど、意識するあらゆる事象に起こる現象です。

ちょっと、このゲームに付き合ってください。

「あなたの周りにある赤いモノを5秒間で、できるだけ多く探してみてください」

「では、次の問いを読んだら下を見て目を閉じてお答えください。青いモノは何がありましたか？」

さあ、何個答えられましたか？　私は、以前1つも答えられませんでした。でも、目を開けてみると、周りに青いモノがいくつもあったのです。

「赤いモノを探せ」と言われたから、赤いモノにばかり意識が働いて、青いモノがいっさい意識からとんでしまう。**人間の脳というのは、特定の事象を意識することで、五感をフルに使って、その特定の事象を積極的に認識する**という性質を持つので、赤にフォーカスした瞬間から、他の色は認識されなくなるのです。

「税理士になりたい！」と目標を決めて、ノートに野望、願望、夢、希望を書き綴ったときから、私にこの「カラーバス効果」による現象が起こっていたのです。

こうなればもう、あとは行動あるのみです。

税理士になるためにはどうするか？

まずは日商簿記3級など基礎から学ぶ必要があるな、6月に3級の試験を受けて、11月は2級の試験。合格者に聞くと、「この2つは独学で勉強できる」というけれど、では、税理士の試験はどうかな？　と調べるようになります。

当時はネットやSNSがまだ普及していない時代なので、書籍や専門学校のパンフレットで調べ、税理士試験は独学では難しいと知り、通学を選びました。

通学するなら、実績のあるTACや大原簿記専門学校だな。大原で水曜日の夜に消費税という科目がある。会社も水曜日はノー残業デーだから通いやすいな……というように、カラーバス効果が発動すると、どんどん「税理士になる」という「決めたこと」を達成するためにアンテナが立ち、動けるようになるのです。

4 あなたは、すでに成功している！

税理士になると決めた私は、ノートに自分の「夢」や「願望」を書きまくった……とお話ししましたが、このノートには、「ベンツを買う」とか「地下にプールバーを作る」という、ギラギラした成金的な夢ばかりを書いていたワケではありません。

ちゃんと、次のようなことも書いていました。

・日商簿記3級合格　平成〇年6月
・日商簿記2級合格　平成〇年11月
・建設業簿記3級合格　平成〇年3月
・建設業簿記2級合格　平成〇年3月
・建設業簿記1級合格　平成〇年3月

・税理士消費税法合格　平成○年12月
・税理士簿記論合格　平成○年12月……

これらもちゃんとノートに書いて、それを毎日眺めることによって、「実行しよう！」という気持ちを働かせていたのです。

あなたは、「予祝《よしゅく》」という言葉をご存知ですか？

簡単に言えば「前祝い」のことです。日本では、古くから、作物《さくもつ》の豊作を願って、まだ収穫していないのに、前もってお祝いするという習慣がありました。

目標に向けて行動を起こすとき、この「予祝」が有効に機能します。

司法試験業界のカリスマ講師で、資格試験予備校伊藤塾塾長の伊藤真《まこと》先生は、授業を開始する前に「合格体験記」を書かせるそうです。

まだ試験も受けていない……というより、まだ授業すら受けていないのにです！

まるで、すでに合格したかのような気持ちで「体験記」を書かせることにより、

「生徒たちは、多少のスランプや挫折も想定内に思える。そして、無事にスランプを乗り越え、受験の日を迎えることができる」との考えからです。これが、伊藤塾が多くの司法試験合格者を出す理由の1つでもあります。

これも「予祝」をうまく使った例ですよね。

ちなみに私は、税理士試験を受けているとき、経済的に豊かとは言えないのに、家具屋に行き、その店で一番高い、最高級の机と椅子を購入しました。

そして、購入した机に向かい、もう税理士として申告書類を作成しているかのように、その机で勉強していたのです。

それだけではありません。得意の想像力というか妄想力を発揮して、こんな妄想をしていました。

オーダーメイドのスーツとワイシャツを着て、顧問先の経営者に対して、応接室で自信満々に税務相談に乗っている自分。

デスクワークをしていると、細身で髪は茶色、身長152センチの女性秘書が、お茶を出しに来る。

私の税理士事務所で働く他のスタッフは5名。法人税をはじめ所得税、消費税、相続税、会計それぞれのエキスパート。専門性の高い軍団で、お客様の悩みを解決している。そして、先ほどお茶を出してくれた女性秘書は、実はパソコンのプロフェッショナル。ブラインドタッチで、目にも止まらぬスピードで入力業務をこなしていく……。見取り図まで書いて、誰がどこに座るかまで構想を練っていました。


未来の成功した自分を先に体験してしまう「予祝」。こうした、とりとめもない妄想が、スランプや遊びに行きたいときなど、挫折しそうなときも、乗り切る原動力になりました。

そもそも、まだ1科目も試験に受かっていないときから、こんな想像をすることで、「試験に受からないワケがない」という、根拠のない自信を漲らせていたのです。

この「予祝」。目標達成に向けて頑張るとき、とんでもない効果を発揮します。あなたもぜひ、使ってみてください。

5 人生逆転に成功できた、3つの勝因

「偏差値30の高校を出て、大学は夜間の定時制、しかも留年。最初の就職先はブラック企業。そんな状況から、今では大学講師や税理士など、5つの仕事をこなしている。このように人生を大逆転した勝因はいったい何なのですか？」

雑誌のインタビューなどで、そんな質問を受けると、私は「勝因は大きく3つありました」と回答します。

それは、以下の3つです。

○勝因1

具体的な目標や願望を紙（ノート）に書くことにより、カラーバス効果が発動し、

税理士試験の合格に向けて動き出せたこと（これについては前述のとおり）。

○勝因2

効率的な勉強法によって、資格試験に合格し、また、スキルアップできたこと。

ここでいう「効率的な勉強法」とは、PDCAを回して勉強したことです。

PDCAとは、ご存知のように、計画（Plan）を立て、実行（Do）して、検証（Check）して改善（Action）を繰り返すことです。通常は製造業などで使う手法ですが、私は、これを勉強やスキルアップに応用したのです。

例えば、

日商簿記1級に合格するための計画（P）を立てる
　←
立てた計画にそって勉強（D）する
　←
テキストや参考書でインプットした知識を、問題集や模擬試験などでアウトプット

することで検証（C）する
↓
合格点を下回った、なぜなら本来は解けた問題を読み飛ばした、ケアレスミスをした、時間配分を間違えたなど、検証し改善（A）する。

このように、PDCAを繰り返すことで、レベルアップしていき最終的に目標とする試験に合格するのです。PDCAと資格試験は実に相性がいいんです。

私は、PDCAの前に、もう1つ「ゴール（Goal）」を加えました。前の例でいうと、「1級に受かって社内で一番のスペシャリストになる」などです。

ゴールを設定することで、「達成したい！」という気持ちがより明確になります。「遊びに行く」か「勉強するか」の選択をするとき、「遊びに行かずに勉強する」ことを選んだり、飲み会があっても流されて2次会にまでは行かなかったり、もしくは、飲み会に行かないという選択ができるようになるのです（この「G＋PDCA勉強術」について、詳しく知りたい方は、ぜひ、拙著『G＋PDCA勉強術 必ず目標達成できる方法』（明日香出版社）をご覧いただければ幸いです）。

「G+PDCAサイクル」のイメージ図

○勝因3

「朝時間」を有効活用することで、人生を逆転する時間を確保できたこと。

お待たせいたしました!

本書のテーマ、「朝時間の活用」、満を持しての登場です!

税理士になろうと決心し、勉強を始めた私でしたが、何しろ、私が当時いた会社は限りなくブラックに近い「オフブラック企業」(笑)。夜、会社から帰って勉強しようとしても、それまでの勤務で疲れ果てて集中力もなくなっています。

「今夜こそは」と、気合を入れて勉強しようと思っていても、急な残業や上司からの飲み会の誘い、お客様の接待などが入ればアウトです。

つまり、夜は「自分の時間」として予定どおりにいかないことが多い。

もちろん、昼間は勤務中なので、自分の時間を確保することはできない……。

消去法で残ったのが、「朝の時間」だったのです。

6 「朝」という名のゴールデンタイム

税理士になるための勉強時間を確保するために、「朝の時間」を活用しました。正確にいうと、朝しか残っていなかったのです。

消去法によって、偶然にも発見した時間帯ですが、実際に税理士になるための勉強時間として使用し始めると、勉強をするうえで、「朝の時間」が実に快適だということがわかったのです。

なにしろ、**朝の時間は、自分が寝坊しない限り100%自分の時間として確保できます。**

誰にも邪魔されずに勉強していると、時を支配している王様になったような気になります。

前の項でお伝えしたように、ビジネスパーソンが定時後に、スキルアップやキャリアアップ、もしくは資格の勉強のために夜の時間を確保しようと思っても、残業、上司からの飲み会の誘い、お客様の接待などが入り、計画通りに時間を使うことができません。予定通りに夜の時間が空いたとしても、仕事で疲れていて集中力が続きません。

「仕方ない、土日にまとめてやろう！」と気合を入れても、家族サービスをしなければならなかったり、冠婚葬祭、子どもの行事、町内の清掃などがあったりと、土日でさえも、予定通りに時間を確保することは難しいのです。

何度でも言います。そして、断言します。

忙しいビジネスパーソンにとって、「自由になる残された時間」は、もう「朝の時間」しかないのです。

「はじめに」でもお伝えしたように、私が会社に勤めながら、「税理士試験に合格」できたのも、「日商簿記3級・2級、宅建（宅地建物取引士）に独学で合格」できたのも、「ビジネス記事の執筆」ができるのも、「セミナーのコンテンツ作り」ができるのも……(以下省略)、すべて、この「朝」という名のゴールデンタイムを活用した（している）おかげなのです。

思えば、成功をつかんだ歴史上の人物や経営者には、この「朝の時間」を有効に使っていた人物がたくさんいます。

安土桃山時代の武将、織田信長は、毎朝4時に起きて馬に乗っていたといいます。豊臣秀吉はさらに早い朝の3時には起きていたそうです。さすが立身出世の代名詞と言われる人物、信長の草履《ぞうり》を懐で温める逸話があるように、信長より早く起きて温めていたのかもしれません。その秀吉から天下をとった徳川家康も早起き。徳川家では、2代目以降も早起きだったそうです。

ビジネスマンでは、ベネッセホールディングス会長兼社長の原田泳幸《はらだえいこう》氏、タニタ社長の谷田千里《たにだせんり》氏などが早起きで有名ですね。「カレーハウスＣｏＣｏ壱番屋」を運営する株式会社壱番屋の創業者、宗次徳二《むねつぐとくじ》氏に至っては、「早起きは3億の得、超早起きは30億円の得」とまでおっしゃっています。

海外では、元アップルCEO（最高経営者）の故スティーブ・ジョブズ氏、現アップルCEOのティム・クック氏、元スターバックスCEOのハワード・シュルツ氏など、朝が早い成功者を挙げるとキリがないのです。

もちろん、成功者に早起きが多いのは偶然ではありません。

皆、**「朝の時間でしか、自分の現在と未来に影響を及ぼすことができない」**という原則を知っているから、必然的に朝が早くなっているのでしょう。

成功者は、「朝の時間」がゴールデンタイムだと知っています。

不肖この私も、税理士への勉強を始めて、朝の時間を活用してみて、それがいかに貴重で、快適な時間かを確信しました。

早起きがツライなんて言わず、1日30分だけ普段より早起きして、出勤前の時間を自分のために使ってみませんか。

そこには、誰にも邪魔されない「王様の時間」が待っています。

7 集中時間のマジック

人間が継続して集中できる時間は、90分と言われています。

大学の講義時間がひとコマ90分なのは、そんな理由からだといいます。

でも、私は一概に「継続して集中できる時間は何分」とは言えないと思っています。

人って、興味があることなら倍の3時間でも集中できるし、つまらないことなら、10分の集中でも苦痛です。対象によって、集中できる時間の長さはまるで違いますよね。

夢中でミステリー小説を読んでいるときは、2時間もあっという間。難解で興味のない哲学書を読んでいるときは15分でも瞼《まぶた》が重くなる。このように、対象によって、集中力の持続時間は違いますよね。

ただ、確実に言えることは、どれだけ好きなことでも、徐々にではありますが、**時**

間の経過によって集中力はなくなってくるということ。

どんなに好きなことでも長時間やっていれば飽きがきます。

厚生労働省は「健康づくりのための睡眠指針」のなかで「人間が十分に覚醒して作業を行うことが可能なのは、起床後12～13時間が限界であり、15時間以上が経過すると酒気帯び運転と同じ程度の作業効率まで下がる」と発表しています。

つまり、朝7時に起きる人は、19時～20時が覚醒して作業を行う限界で、22時以降は、お酒を飲みながら作業を行っているのと同じ状況になるということです。

仮にあなたが**7時起きで、定時に帰って夕食を済ませ、22時から勉強を始めたとしたら、スタートの時点で、すでにお酒を飲みながら勉強しているのと同じ状態**だということです。それでなくても、1日の仕事の疲れがありますから、もうボロボロの状態。こんな状態で勉強しても、集中力が続かず、三日坊主で終わる可能性も高くなります。夜、帰宅してから勉強をするのは非効率です。

同じ時間を使うなら、朝の新鮮な集中力の高い時間帯に行うほうが、何倍も効果的、効率的なのです。

8 「緊急じゃないけれど重要なこと」に取り組める時間

あなたは、仕事をしていて、こんな気持ちになったことはありませんか？

次々と終わっているのに、なぜか心に引っ掛かりがあってモヤモヤする。

仕事をやってもやっても、気分が晴れず、不安な気持ちがある。

なぜ、そんな気持ちになるのかというと、それは、「好《こう》・楽《らく》・円《えん》」な仕事しか片づいていないからなのです。

「好・楽・円」な仕事とは、私が尊敬するセミナー講師の師匠の一人、箱《はこ》田《だ》忠昭《ただあき》先生が言われていた言葉で、読んで字のごとく、「**好**きな仕事」「**楽**な仕事」「**円**滑に進む仕事」のこと。人間、ついつい、やりやすい「好・楽・円」な仕事ばかり先にやってしまいがち。そのため、重要で難易度の高い仕事はいつまでも片づかず、心のモヤモヤとして残り続けるのです。

仕事は、大きく4つに分けられます。「緊急かつ重要なこと」「緊急じゃないけれど重要なこと」「緊急だけど重要ではないこと」「緊急でもないし、重要でもないこと」の4つです。このうち、後半の2つは「重要ではない」のですから、究極はやらなければいい。そして、「緊急かつ重要なこと」は、いやおうなしに、残業をしてでも取り組むでしょう。

問題なのは、最後に残る「緊急じゃないけれど重要なこと」です。

実は、この**「緊急じゃないけれど重要なこと」は私たちの未来を決めること**なのです。にもかかわらず、人間、このタイプのことにはなかなか取り組めないために、モヤモヤの原因になりやすいのです。

私の知り合いの、ある税理士事務所の話です。

その税理士事務所は顧問先の数も多く、10名を超えるスタッフが日々、忙しく働いていました。

ある日のこと、私はその事務所の所長さんから、「英語講師の知り合いはいないか？」との相談を受けました。相談をいただいたときは、所長本人か、あるいはお子さんが英語を習うためなのかと思ったのですが、よくよく聞くと違っていました。

なんと、忙しい仕事の合間をぬってスタッフ全員に英語の勉強をさせる決心をしたのです。しかも、目標は全員の平均がＴＯＥＩＣ８００点以上というもの。目指す夢（Ｇ）は、世界に通用する税理士事務所にすることです。

手段としては、毎週2回2時間ずつ英会話の講義を受けるという計画（Ｐ）を立て、講師を招いて勉強（Ｄ）し、問題点をチェック（Ｃ）してもらい、次の講義までに改善（Ａ）する。

そんな、「Ｇ＋ＰＤＣＡ」のサイクルを4年間繰り返した結果、今では11カ国で仕事を展開する事務所に生まれ変わることができたのです。

この事務所が大成功をおさめた理由。

それは、まさに「緊急かつ重要な仕事」にかまけることなく、未来へ向けて、「緊急じゃないけど重要なこと」である、英会話の習得に取り組んだからです。

もし、「いつかはやらなければ」とモヤモヤしたまま、「緊急じゃないけど重要なこと」である英会話の勉強を後回しにしていたら、今でも国内の税務業務にとどまっていたはずです。

さらによかったのは、その取り組み方でした。

「G＋PDCA」のサイクルをしっかり回したことと、「緊急じゃないけど重要なこと」を、「毎週火曜と木曜の3時〜5時は英語の勉強をする」と決めて、無理やりにでも計画に入れてしまったのが最大の成功要因です。

このように、どんなに忙しくても、**この時間は必ず「将来に影響を及ぼすことをやり続ける時間にする」と決めれば、その時間は夢を実現させる時間に変身します。**

この税理士事務所の例は、会社ぐるみの取り組みでしたから、3時〜5時という業務時間に夢を実現するための時間を入れられました。しかし、私たちビジネスパーソンがその時間を確保できるのは、朝しか残されていません。

つまり、**朝のゴールデンタイムは、私たちにとって「緊急じゃないけれど重要なこと」に取り組める唯一の時間**なのです。

9 「先延ばし」にしていたことは、朝時間で全て終わらせる！

第1章では、私が「朝時間」というゴールデンタイムを見つけるまでの経緯と、ビジネスパーソンには「朝時間」しか残されていないというお話をしてきました。章の最後に、朝時間を活用することによるメリットの数々について触れておきたいと思います。

○メリット１　実行したいことを計画通りに行うことができる

朝は邪魔者がいません。早朝の自宅や会社近くのカフェには、急に仕事を増やす上司もいないし、お客様からの電話もありません。「遊びに来ちゃった！」とケーキを持ってくる友人もいません。**時間を、あなたが使いたいことにのみ使えます。**立てていた計画が面白いように進みます。

○メリット2　今まで三日坊主で終わっていたことも継続できる

毎朝、家を出る前の自宅や会社近くのカフェでの時間を「未来へ向けた時間」にする。これはもう日々の習慣になるので、三日坊主になりようがありません。何度も挫折を味わった元三日坊主日本代表の私が言うのですから、間違いありません。

○メリット3　その他大勢から抜け出すことができる

就業前の時間を未来へ向けて前進する時間に使う。仮に30分を使うと、何もしていない人たちよりも、あなたは年に182時間以上も先に進むことになります。182時間は、1日7・5時間労働だとして24日分。1カ月の労働時間に匹敵します。その時間を使えば、その他大勢から抜け出すのは当然です。

○メリット4　人よりも早くに行動することで、優越感に浸れる

仮に2時間だともっとすごいことに……。1日に2時間ものアドバンテージを手にすると、就業時間ギリギリになってオフィスに飛び込んでくる同僚は、もはやとてもスローな存在に見えます。すでに未来へ向けた時間を過ごし、ついでに今日の仕事の準備や調べ物などを済ませているあなたは、**就業時間が始まるやいなやロケットスタートを切れます。**会社に来てからあたふたとその日の準備を始める同僚との差は歴然です。この優越感は、本当にクセになります。

○メリット5　先々のことを終えることができる

朝時間は効率がよいので、とても使いでがある時間です。未来へ向けた勉強の他にも、提案書やプレゼン資料など、いくらでも進みます。仕事を進めていくと、あれほど仕事に追われていたのに、**仕事がどんどん前倒しで終わる**ようになります。上司から「1週間後に提出してくれ」と言われた仕事を3日後に提出する快感。ぜひ、味わってください。**「朝時間を制する者は、未来を制す」**。もちろん、この原稿も締切前に編集者に提出しました。

○メリット6　人生で一番重要なことを、朝一番で終わらせることができる！

人生で一番大切なこと。それは、「緊急じゃないけれど重要なこと」、すなわち、「自分の未来に影響を及ぼすこと」です。はっきり言って、**朝のゴールデンタイムを**

無駄に過ごしている人たちが、永遠に後回しにしてしまうことです。一番大切なことを、1日の最初に取り組んでしまう、出社前に終わらせてしまう。今までできなかったことが朝の8時には、すでに終わっている。もう成功しないわけがありません。

いかがですか？

まだまだ、これだけではありません。そもそも、早起きは健康にもいいし、家を早く出れば、空いている通勤電車で身も心も疲れてしまうこともありません。

朝時間の活用は、もう、「いいこと」しかないのです！

なんだか、今まで朝の時間を無駄にしてきたことが、ものすごく後悔されませんか？

では、次は第2章。朝時間活用のための準備へと進みましょう。

第2章

目的設定が、あなたの早起きを加速させる!

1 「人生」というタクシーで目的地に行くには……

想像してみてください。あなたは、街角でタクシーを止めて乗り込みました。

「どちらまで？」

運転手からそう聞かれたあなたが、もし、自分の行き先を答えることができなければどうでしょう？　当然、タクシーの運転手は車を発進させることができませんよね。

「そうですか、じゃあ、ちょっとそのへんをひと回りしますので、景色でも眺めながらゆっくり行き先を決めてくださいね」なんて、やさしいことは言ってくれません。

でも、乗り込んだ瞬間から、メーターだけは動いています。

時間だけは残酷に過ぎていく。そして、失われていく。

まるで、私たちの人生みたいに……。

人生というタクシーでは、「目的地」が決まっていないと、どこにも進まないうちに、時間だけが過ぎていく。つまり、歳だけとっていくのです。

せっかく、エンジンをかけて指示を待っている運転手さんがいても、アクセルを踏むことができないなんて、もったいない話ですよね。

「このままの人生なんて嫌だ！　変わりたい！」「会社が嫌で仕方ない！　転職したい」「独立したい！」と、考えていても、それだけでは何も始まりません。

つまり、**「どうしたい」とか「ああなりたい」という目的が必須**なのです。

ここで10秒考えてみてください。**あなたには、目的がありますか？**

もし、なければ、朝時間を活用する以前の問題です。

向かっていきたい目的がなければ、タクシーで目的地を告げることなく、運転手に「目的地に行ってください！」と無理難題を言っているようなもの。

目的がなければモチベーションがゼロなので、早起きすることもできません。何もすることがないなら、頑張って起きるより寝ていた方が楽だからです。

2 明確な目的があれば早起きできる！

「実現したいことがあって、それが叶った！」

それを言葉で表すとき、いろいろな表現方法があります。

「夢実現」「大願成就」「ビジョン達成」「願望が現実になった」「奇跡が起こった！」

どんな表現を使っても、その人の自由です。

ただ、ここで、**「目的」と「目標」の違いを理解し、正しく使い分ける必要があります。**使い分けることで、実現する確率が一気に上がります。

「目的」と「目標」は違います。

ひと言でいうと、**「目標」は、「目的」を実現するためにあるのです。**

悪の秘密結社の「目的」は「世界征服」。「目標」は、世界征服を実現するために、まずは、正義のヒーローを倒す。

もっと現実的な例で言えば、「ダイエットしたい」というのは「目標」でしかありません。そのため、飲み会で友だちが美味しいものを食べているのを見たら、もろくも三日坊主で終わってしまいがち。

しかし、ここに、明確な「目的」が加わったらどうでしょう？

「3カ月後の8月に仲間と海に行く。そのなかに好きな子がいるから、それまでに7キロ痩せて、カッコイイ姿を見せたい！」

「半年後の結婚式までに15キロ痩せて、お気に入りのウエディングドレスを着たい！」

そういう具体的な「目的」が加わると、単に「ダイエットしたい」という「目標」だけだったときには長続きしなかったダイエットに、がぜんヤル気がプラスされます。

実現したい「目的」への思いが強ければ強いほど、「目標」が達成される可能性も高くなるのです。

さらに言えば、**具体的な「目的」が決まると、「目標」も具体的なものになります。**

前述の例で言えば、

「3カ月後までに7キロ痩せるためには、朝には海藻サラダを食べて、お昼には麺類や炭水化物を控えて、夜は20時以降には食べないようにする。脂肪燃焼のために週に3回はジムに通って……」

こんなふうに、目標が具体的になります。

漠然と「ダイエットしたい」というだけでは、なかなかこうはなりませんよね。


資格試験や語学の習得も同じです。

「司法書士の資格試験に合格したい!」とか「英検2級を取得したい!」は、ともに目標でしかありません。

目標しかないと、少しくらい勉強が遅れていても、気の合う仲間から飲みに誘われたら、つい行ってしまいます。そんなに仲がいいわけでもない知人からの披露宴の招待も、断り切れずに出席してしまうでしょう。

そうしているうちに勉強はどんどん遅れて、「試験を受けるのは次回でいいか……」と、先延ばしにしてしまう。英語も「今でも、少しくらいならしゃべられるからいいか」となってしまう。

しかし、「資格を取って、○月には会社を辞めて独立する」とか、「英語で日常会話をしゃべられるようになって、来年、アメリカへ留学する」だと、「目的」になります。

友だちの誘いも披露宴の招待も、勉強の遅れを取り戻すために毅然《きぜん》と断れます。

「目的」があれば、それを果たすための「目標」に向かっての選択ができる。

明確な「目的」があるから、朝早くても起きられるのです。

「目的」を成就するために、「目標」を達成する。

朝のゴールデンタイムを活用することは、その手段なのです。

3 タイムマシンで、あなたを見つける旅に出る

「朝の時間を活かす前に、『目的を明確にしよう』というのはわかったけれど、どうも、明確な『目的』が見つからない……」

そんなあなたに、とっておきの方法をお伝えします。

突然ですが、もし「ドラえもんの道具を1つだけ自由に使っていいよ」と、そんな夢のような話があったら、あなたはどの道具を選びますか？

「どこでもドア」「タケコプター」「スモールライト」など、どれも使ってみたい道具ばかりですね。

ちなみに私は、迷わず「悪魔のパスポート」を選びます。このパスポートさえ提示すれば、どんな悪事を働いても許されるという最強アイテム。案の定、のび太レベル

では宝の持ち腐れで、使い切れていませんでした。今の自分だったら、あんなことやこんなことなどして、有効活用できそうです。

話を戻します。

ドラえもんの道具のなかでも、「タイムマシン」はかなり上位にランクされる道具だと思います。タイムマシンがあれば、過ぎ去った過去に戻り、すでに他界した親に会いに行くことも、逆に、まだ来ていない未来へ行って、成長した自分の子どもに会うこともできます。たしかに魅力的な道具ですよね。

もし、**あなたが「ゴールの設定ができない」とお悩みなら、ぜひ、このタイムマシンに乗って（乗ったつもりになって）、自分の過去を、記憶の限り巡り、あなたの「得意分野」を探してみてください。**

私が、1冊目の本『30代で人生を逆転させる1日30分勉強法』（CCCメディアハウス）を執筆したときのことです。

このデビュー作のテーマは、タイムマシンに乗って何年も前の自分を見つめ直すことによって生まれたのです。

もともと編集担当から提示された執筆テーマは、「だいたい分かる簿記」でした。私の経理、税理士という経歴を活かして、中小企業の経営者に「3級レベルの簿記」をわかりやすく解説する本です。当時の私にとっては「苦手ではないけれど、得意でもないジャンル」でした。

本を出したいという気持ちはあったものの、企画が進むうちに私の胸のなかで、「税理士になりたての自分では、読者に伝えるだけのコンテンツが足りないのでは？」というモヤモヤが渦巻き始めていました。

そこで私がやったのが、「自分は、いったい何者なのだろう？」「いったい、何が得意なのだろう？」「本当は、何を本に書きたいのだろう？」と、それらを考えるために、「自分の過去を見つめ直す」ことだったのです。

そう、「**タイムマシンに乗っての、目的探しの旅**」だったのです！

2000年の自分はこうだった、2001年の自分はこうだった……と振り返り、思い出せないときは、ネットでその年にどんな出来事があったのかを調べて、関連づけて思い出し、過去を洗い出していきました。

その結果……。

15年間に及ぶ、さまざまな資格取得のための勉強と専門学校での講師生活。資格の勉強は独学、通信、通学とすべて体験し、簿記系ならひと通りの授業を受け持った実績。それらから生み出された勉強法のノウハウ。これこそが、本当に書きたかったことだと気づくことができたのです。

本当に出したい本という「目的」が定まった途端、蓄積されていたコンテンツが次々に湧き出てきて、8万字でよいと言われていたのに14万字以上書き続け、担当からドクターストップならぬエディターストップがかかるほど！　ノリまくって執筆をすることができました。

このように、私は過去を振り返り、自分を見つめ直すことで、自分の強み、得意分野がわかったのです。繰り返します。あなたが、もし「目的」を見つけられないなら、タイムマシンに乗ったつもりで、過去を巡り、未来につながる「あなたの得意分野」を探してみてください。それが、「目的」を設定するときのヒントになります。

4 自分のことは、自分ではわからない

よくドラマなどで、主人公が「放っておいてくれ！　自分のことは自分が一番よく分かっているんだ！」などというセリフを言うことがありますよね。

でも、実は背中のホクロは自分ではわからないように、自分のことって意外と自分ではよくわからないものです。

「コミュニケーション能力が高い」「リーダーシップがある」「読解力がある」など、さまざまな長所を持っている人たちが、「謙遜」という美徳によって、自分の長所を見逃してしまうことが多いのです。

前の項での私のデビュー作の誕生秘話に続き、今度は2冊目の著書の話。

実は、私の2冊目の本は、人から自分の長所を指摘してもらったおかげで生まれた

のです。

あるパーティーに参加したときのこと。ゲームの賞品として、私はタロット占いでとても有名な方に占ってもらえる権利を獲得しました。

占ってもらって出てきた答えはなんと、「本妻の他に大勢の女性の影が見える」というもの。そんな、あなた！　人前で！

5分間の占い時間は、大勢の女性が「いる」「いない」の繰り返しで終了。

せっかくの占いの権利が、ただの取り調べのようでした。

その後、あらためて名刺を渡し、「税理士です」と名乗ったら、「見えない」と驚かれ、「あっ、でも本業は建設会社で普通にサラリーマンをやっています」と言うと、今度は「2つも仕事をやっているんですね」と驚かれました。「いえ、その他に専門学校の簿記講師、大学講師、セミナー講師もやっていて、最近、ビジネス書も出版しました」と、そこまで話すと、突然、「あーっ！　それだ！」と。

つまり、占いに出た「本妻の他に多くの女性の影が見える」という結果は、女性ではなく、「本業の他に多くの仕事をしている」というのがタロットで見えていたということだったのです。

そのあとは、周りから「すごいね〜」「大変じゃないの？」「5つも仕事をしているのに、どうして本まで書けるの？」「時間管理はどうしてるの？」と、驚きと絶賛と質問の嵐でした。

そのとき、私は初めて気づいたのです。

自分では普通にしている仕事だし、その数は徐々に増えていっただけだし、睡眠時間は7時間も取っているし、ちゃんと遊んでいるし……。ぜんぜん、すごいと思っていなかった。しかし、他人から見ると驚きに値することだったのです。

その気づきから、私は出版社に「5つの仕事をしていても遊びまくれる仕事術」という本の企画書を提出しました。その企画こそが、「タイトルは少しふざけ過ぎだけど、企画自体は面白い」と評価していただき、2冊目に本の出版につながったのです。

自分の「すごいところ」は、自分では当たり前にできてしまうので、意外に見過ごしてしまいがちなのです。

もう1つ。自分では自分の長所や強みに気づきにくいと知った体験の話。

「マインドマップ」ってご存知ですよね？

思考・発想法の1つで、頭のなかで起こっていることを、目に見えるようにする思考ツールのことです。中心に核となる言葉があって、そこから周りに何本も根っこみたいな枝が伸びている図をご覧になったことがあるでしょう。あれです。

そのマインドマップの講習を受けたときのことです。

「今まで自分は何をやっていたのか」を、マインドマップで作成するワークがあり、私は思い出せる限り、子どもの頃から現在までに自分が「やってきたこと」を、カラフルな色を使って可視化していきました。

1つのことを思い出すと、芋づる式にいろいろなことが思い出され、マップが完成すると、「今の自分が作られたのは、こんな過去があったからなのか」と客観的に自分の人生を俯瞰《ふかん》することができるようになりました。

小中学校のときは剣道、高校では空手、社会人になって少林寺拳法を習っていたのですが、その講習のときは、完成したマインドマップを眺めてみて、あらためて「自分は飽き性で長続きしない性格なんだなぁ」と思ったのです。

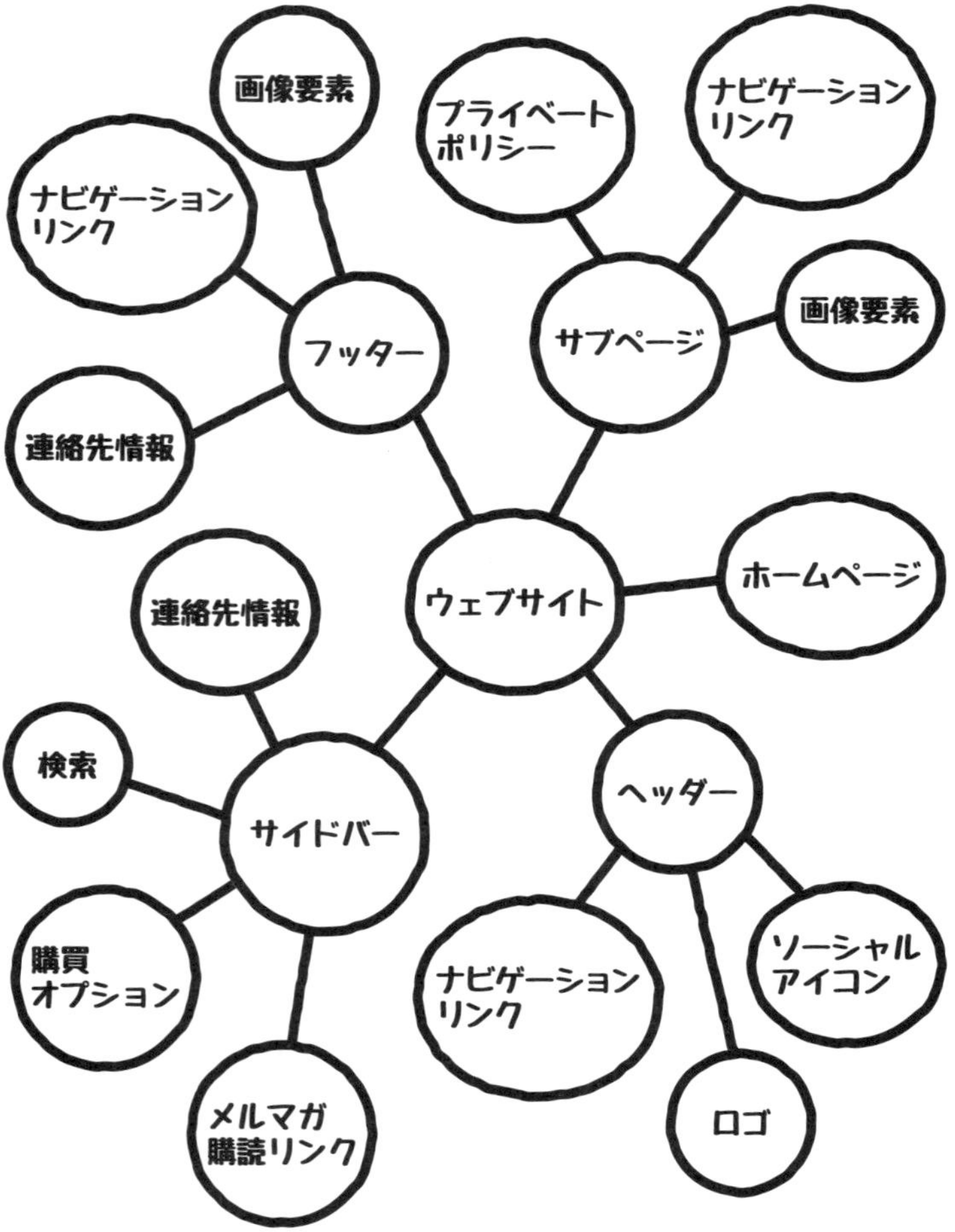

「マインドマップ」のイメージ図（例：Webサイト制作）

ところが、その講習後のある日のこと。

某出版社の編集者と、新しい本の企画について、その講習で作ったマインドマップを持参して、打ち合わせをしていました。

私に書ける、と言うより、私にしか書けない仕事術の本のネタを、自分史であるマインドマップから探そうと、編集者と二人でマインドマップを見ながら、「アイディア出し」をしていたのです。

そのとき、編集者がこう言ったのです。

「石川さんはすごいね〜！　小学校1年生のときから、社会人になった今まで、ずっと武道にかかわってきたんですね。剣道、空手、少林寺、ずっと継続して武道に携わるなんて、なかなかできませんよ。サッカーとか野球をやろうと思わなかったんですか？　よく飽きずに、ずっと続けていましたね？　いっそのこと、『武道に学ぶ仕事術』とか、本のネタとしてどうですかね？」

私は驚きました。

マインドマップを作って自分で眺めたときには、まるで「おまえは、本当に何をやっても長続きしない、飽きっぽいヤツだ」と短所を突きつけられているように思えて、かなり落ち込んでいたのです。

それなのに、まったく同じマインドマップを見た人から、「よく長続きしましたね」と褒められたのです！

しかも、本のネタにもなると言うではありませんか！

同じ事柄でも、人によって感じ方が180度変わるのです。

先ほどのタロット占いでの体験も同じです。

「5つの仕事を同時にこなすなんてスゴイ」と周りが思うことも、自分では「たいしたことではない」と当たり前に思い、過小評価していました。

ですから、あなたも**「目的」を探すとき、ぜひ、自分一人で探すのではなく、身近で信頼できる人に「私って、どんな長所や特長があると思う？」と聞いてみて欲しい**のです。それが、あなたの強みを発揮できる「目的」を見つける、大きなヒントになるかもしれません。

5 書き出して欲しい、たった2つのこと

自分はいったい、何をやりたいのか？

そして、自分は、何になりたいのか？

もし、悩んでいるなら、どんどん紙に書き出すことをお勧めします。

これは、もう15年以上も前に読み、私にとってはバイブルのような本、『非常識な成功法則』（神田昌典著　フォレスト出版）に書かれていた方法です。

私は、この本を読んで、自分の目的設定の仕方が変わりました。

どんな方法かというと、自分の「やりたいこと」だけでなく、「やりたくないこと」も紙に書き出して明確化するのです。

それまでの私は、「やりたいこと」にだけフォーカスして目的を設定していましたが、**やりたくないことも明確にすることで、やりたいことが、より鮮明になった**ので

す。

当時、私がノートに書き出した内容です。

「やりたくないこと」

1. ペコペコしたくない
2. 事務が一番下に見られたくない
3. 下請けでいたくない
4. 親会社からの出向がある会社にいたくない
5. 家族との時間を奪われたくない
6. 本を読む時間がなくなるのは嫌だ
7. 他人に威張られるのが嫌だ
8. 運転する仕事につきたくない

「やりたいこと」

1. 税理士として独立したい

2. 総務のアウトソーシング会社を作りたい
3. 従業員が100名欲しい
4. セミナー講師になりたい
5. 運転手が欲しい
6. 秘書が欲しい
7. 著名人と知り合いになりたい
8. 新しい家が欲しい
9. 寄付できるようになりたい
10. 本を書きたい
11. 大学講師になりたい
12. 家族との時間を確保したい

このように書き出したことで、「やりたくないこと」が明確になりました。

この「やりたくないことリスト」に基づいて、私は、親会社からの出向がない元請けの建設会社に転職したのです。そして、その際には、事務部門だからといって下に見られない会社を選びました。いや、選んだというより、税理士の資格を取って専門性を磨き、自分がレベルアップすることで下に見られないような努力をしました。思えば、「やりたくないこと」のトップにある「ペコペコすること」や、2番目の「事務が一番下に見られたくない」を実現するために頑張れたのです。

それから、方向音痴なので、「運転する仕事につきたくない」（8番目）と思い、営業職ではなく、税理士という仕事を選んだのです（今はナビがあるので助かります）。

私の現在は、「やりたくないこと」が明確になっていなければ実現していなかったかもしれません。いや、実現しなかったでしょう。

もちろん、「やりたいこと」には、「総務のアウトソーシング会社を作りたい」とか「運転手が欲しい」など実現していないこともありますが、「やりたいこと」を書くことによって、税理士、セミナー講師、大学講師、著者などの夢は実現しています。

「やりたくないこと」を明確にすると、「やりたいこと」がさらに明確になります。

ぜひ、「やりたくないこと」と「やりたいこと」の両方を書き出してみてください。

6 目標達成、一点集中法！

前述のように、私は、税理士、大学講師、セミナー講師、本の著者、元請の会社への転職と、夢をどんどん叶えてきました。

その過程で、私が注意していたポイントは、**夢を「1つずつ」叶えていった**ということです。

例えば、朝に起きて、家を出る前や、早朝のカフェで勉強をするとき。

月曜日は税理士の勉強、火曜日は大学講師の研究、水曜日はセミナー講師能力をつけるための勉強、木曜日は執筆の資料集めと情報収集、金曜日は本の執筆、土曜日は建設会社の経理のスキルアップと、別々の夢への活動を行っていたとしたらどうでしょう？

たぶん、夢は何ひとつ実現せず、すべてが中途半端に終わっていたと思います。
ですから、**夢は1つずつ、実現させて欲しい**のです。
名付けて「目標達成、一点集中法！」
その**目標が達成されるまでは、毎日そのことを考え、毎日そのことをやり、毎日そのことの実現だけを目指して朝の時間を使う**のです。

伝説の投資家と言われているウォーレン・バフェットが、自分の会社で雇っているパイロットに伝えた「優先順位を決めるための目標達成法」。
それは、以下のような3つの段階から成っています。

第1段階
仕事の目標を25個、紙に書き出す。
第2段階
自分にとって何が重要かを吟味して、もっとも重要な5つの目標に○を付ける！
そのとき、絶対に5個を超えて○を付けてはならない。

第3段階

○を付けなかった20個の目標を目に焼き付ける。そして、それらの目標は今後、絶対にかかわらないと決める。なぜなら、気が散るから。そして分散することにより、余計な時間とエネルギーを取られてしまい、もっとも重要な目標に集中できなくなるから。

以上が、バフェットの「優先順位を決めるための目標達成法」です。

バフェットは、やらないことを決めて、重要な5つの仕事に絞って行うことの重要性を説いているわけですが、これはビジネスの話です。

「目標」を決めて、その達成に向けて、朝時間を使って突っ走るためには、「目標」は5つどころか1つに絞ってください。

正確に言うと1つに絞るのではなく、「1つずつ」ですね。

私は、税理士、セミナー講師、本の著者、大学講師と、それぞれの目標を、1つ、また1つと「一点集中」で、前述の「G＋PDCA」のサイクルを回し、順番にクリアしていったのです。

1つの目標に集中してクリアし、「よし、終了！　次！」と、次々とステップアップしていくことが、夢を実現させる近道なのです！

いろいろな場所に虫眼鏡をあてても火は起こりません。**火を起こすためには一点に集中することが必要なのです。**

朝のゴールデンタイムの時間は、目標が達成されるまで、一点（1つの目標）に集中する必要があると心得てください。

第 3 章

捨てる技術

1 「入れるため」には、まず捨てる！

「忙しい、忙しい」が口癖で、「やりたいこと」をやらない人がいます。そういう人は、この先もずっと「やらず」に一生を終えるのだと思います。

前述のように、持ち時間は誰でも1日24時間。それは平等。それなのに、やりたいことを何もできない人もいれば、働きながらどんどん資格試験に合格するなど、確実にステップアップして、夢を実現し続ける人もいる。

何が違うのかと言えば、マインドを別にすれば、ズバリ、「時間の使い方」が違うのです。

考えてもみてください。

朝は出社ギリギリまで寝ている。通勤電車ではスマホでゲーム。会社についたら重要でもないメールに時間を取られ、ちょっとのつもりで見たネットでネットサーフィン。ランチは長蛇の列の人気店にラインをしながら並び、仕事は部下に任せられるものまで自分でやって……。

そんな時間の使い方では、１日が50時間あっても、「自分の真の目的を果たすための時間」は作れません。「時間がない」という方は、自分が**24時間を一体何に使っているか、客観的に検証してみる必要があります。**

大原則は、**「何か新しいものを入れるためには、何かを捨てる必要がある」**ということです。

24時間のなかに「自分の真の目的を果たすための時間」を入れるには、無駄な時間を捨てなくてはなりません。惰眠をむさぼる時間を捨てる、ネットサーフィンの時間を捨てる、長いランチ時間を捨てる、部下を信用できない自分を捨てる……捨てる候補はいくらでもあります。

できれば、**あなたの24時間の過ごし方を30分ごとに区切って、それぞれの時間に何をやっているかを書き出して「無駄な時間」を見つけ出して**みてください。

何かを捨てて、空きスペースを作らなければ、新しいものは入れられないと覚悟を決めて捨ててくださいね。

2 捨てるものの候補①
無駄な時間を捨てる！

前の項で、24時間の過ごし方を30分ごとに区切って、それぞれの時間に何をやっているかを書き出して「無駄な時間」を見つけ出してください、とお伝えしました。

そうやって、見つけた「無駄な時間」は躊躇《ちゅうちょ》なく捨てましょう。

以下、思いつくままに「無駄時間」の候補と「工夫」を書き出してみました。

・ニュースは新聞かネットニュースのどちらかにする
・ネットサーフィンは制限時間を決める
・ラインやSNSを確認する時間を決める
・メールの返信時間を決める
・面談時間をできるだけまとめる

・午前中の集中できる時間に電話の返信をせず、午後にまとめる
・会議、打ち合わせ、来客との面談の時間にタイムリミットを設ける
・昼食は、外食から仕出し弁当に変える。あるいは、出社前にコンビニで買う
・昼食を持ち回りで買いに行く
・部署ごとにやっている同一の仕事を持ち回りにする
・可能なら、こちらから出向くより、先方に来ていただく
・入浴をシャワーに変える

まだまだ、いくらでもあります。

とにかく、自分の24時間のなかにある「無駄時間」を洗い出し、「見える化」して、それを捨てる、短くする、他の時間と重複させる、人に任せる、などの工夫を考えてみてください（工夫については、次の章でお話しします）。

3 捨てるもの候補② 大好きな趣味を捨てる！

私は、大のゲーム好きでした。

いや、今でも好きですが、やっていないだけです。

いやいや、やるゲームを変えたというのが正確かもしれません。

ちゃんと説明しますね。


自慢ではありませんが、私のゲーム好きは生半可なものではありませんでした。

過去のゲームでは、「テトリス」「マリオブラザーズ」「パックマン」などは全面クリアしています。

税理士試験の勉強をしていたときも、勉強開始当初は、気晴らしに、「1時間勉強したら1ゲーム」なんて考えていました。

しかし、根っからのゲーム好きの私が1ゲームで終わるはずもなく、もう1ゲーム、もう1ゲームだけと続けてしまい、気がつけば、1時間ゲームをやって10分勉強をするという逆転現象。

「このままでは、一生、税理士試験に合格しない……」

そう自覚した私は、ゲーム機本体とソフトを北海道にいる義弟にプレゼントし、パソコン内にあるゲームはすべて消去しました。

さらに、ゲームと並んで好きだったマンガは古本屋に売却！

どうしても手放せない秘蔵のマンガや小説はダンボールに入れ、ガムテープでグルグル巻きにして見れないようにしました。

そうやって、私はゲームと漫画と絶縁しました。

そして……。

私は、新たなゲームを始めたのです。

そう、それは、**「目標にしている資格試験に合格する」**というゲームです。

カリスマ経営者の多くは、仕事をゲームにしています。

ゲームだと思って楽しんでいるから長時間働いても苦にならないし、ピンチになっても強い敵キャラと戦っている気分で乗り切ることができるのです。

そして、最高スコアを出すように増収増益を目指す！

考えてもみてください。

あなたのプレイするゲームが、簡単に敵が倒れてしまい、すぐに全面をクリアできるゲームだったら面白くないですよね。

仕事も目的達成も、簡単にクリアできたら面白くない。なかなかクリアできない強敵だから倒し甲斐があるのです。

税理士の試験に受かったのに、日商簿記3級の勉強を始めても面白くないのです。

徐々に難易度の高い敵を倒していき、最終的にボスキャラを倒して、そのゲームをクリアする。

何度も何度も繰り返し覚えて、自分の力をレベルアップさせる。模擬試験で合格点に届かなかったら、問題を解き直して、点数を上げ、理解を深める。

そうやって、最終的に目標の資格試験に受かるから面白いのです。

冒頭の言葉の意味。

私は、大好きなゲームより、もっと面白い別のゲームを始めた。

画面を見て行う仮想世界のゲームから、資格試験、昇進、スキルアップという「クリアが難しいけれどやりがいがある現実世界のゲーム」に鞍替《くらが》えをしたということなのです。

私にとってはゲームと漫画でしたが、要は**時間が経つのを忘れてしまうような大好きな趣味は封印**してくださいということ。

そして、その代わりに**「目標」のクリアというゲームに夢中になってください。**

4 捨てるものの候補③ 残業を捨てる！

当たり前のことですが、寝る時間が遅くなると、それだけ睡眠時間が奪われます。

これも当たり前のことですが、睡眠時間が少ないと早起きがツラくなります。

私も鬼ではありません。「たとえ毎日3時間しか睡眠時間がなくても、早起きして、朝のゴールデンタイムを活かすべし！」などと言いません。

本書は、「理想の睡眠時間を確保しながら、早起きして、朝から最高のパフォーマンスを発揮する」という趣旨なのです。


そもそも、寝る時間が遅くなるのは、帰宅時間が遅くなるからです。

その原因が、飲み会やパーティーなら話は別ですが、多くの会社員の場合、最大の原因は「残業」でしょう。

残業で帰宅時間が遅くなる→夕食の時間が遅くなる→食べ物が消化されるまでテレビを見たり、風呂に入ったりして過ごす→気がつけば深夜2時を回っている。

恐るべき悪循環！

この悪循環の根源である「残業」を減らさなければ、朝早起きして最高のパフォーマンスを発揮することはできません。

この「残業対策」については、私はすでに4冊の本を出版しているので、詳しくはそちらに譲りますが、本書では1つだけ、残業を減らす必殺技をお伝えしたいと思います。

それは、ズバリ、**定時に帰ると決めて、仕事に取り組むこと！**

どんなに忙しい人でも、定時以降に、お世話になった人との送別会があったら仕事を早く片づけて参加しますよね。

5年に1度しか来日しない熱狂的に好きな海外のアーティストのライブチケットを

持っていたら、定時に会社を出るでしょう。

あるいは、10周年の結婚記念日で奥さんと定時後すぐに待ち合わせをしていたら、定時に帰れるように、なんとかやりくりして仕事を終わらせるはずです。

あなたにも、そんな経験が1度や2度はあるでしょう。

そのときのことを思い出してください。


優先順位の高い仕事から先にやり、明日でもいい仕事は後回しにして、普段は任せられない部下にも仕事を任せ、暇そうな上司に仕事を依頼し、電話では結論から先に言って手っ取り早く要件を伝え、ダラダラ話す相手の話は「5分しかないので」と言って簡潔にしてもらう。大好きなタバコの本数も控え、コーヒーを飲む回数も減らす……。

そうやって仕事を定時で終わらせ、どうしても参加したいものに間に合わせ、大事な約束も守ったはずです。

ぜひ、この思いで仕事を進めて、残業をなくしてください。

やることさえやれば、早く帰るあなたに周りは何も言いません。

今の時代、残業代が少なく高い成果を上げるあなたに、会社も感謝するでしょう。

あなたは今、とても大事な約束をしようとしています。

誰と？

もちろん、あなた自身と！

早く寝て、理想の睡眠時間を確保して、朝、快適に起きてゴールデンタイムを活かし、未来へ向けて最高のパフォーマンスを発揮する。

そんな、自分との約束を守るために、固い意志を持って、「残業」を捨ててください。

5 捨てるものの候補④ 友だちを捨てる！

「三十歳にもなって、友情は何にも優先するなんて青くさいこと言うな。チャンスがくれば、自分の周りのすべての環境とおさらばして、新しくグレードアップした舞台に立つ。この積み重ねが人生なんだ」（『キミは寝言を言っているのか！』弘兼《ひろかね》憲史《けんし》著　PHP研究所より）

『課長　島耕作』が大好きだった私が、その原作者である弘兼憲史氏が書いたビジネス書と知り、迷わず購入した本に出てきた言葉です。いや～、書いてあることがタイトルの通り本当に厳しい……。冒頭の言葉も、男同士の友情を大切にしていた25年前の私にとっては、到底受け入れられないものでした。

しかし、50歳を超えた今なら、弘兼氏と同じように**「目的が見つかったら、今の友人を捨ててでも、次のステージに向かえ！」**と若者にアドバイスをします。

なぜなら、意識していたわけではないのですが、私自身も結果的に、30代から50代になるまでの間に、友人が変わることで環境が変わり、グレードアップにつながったからです。


私は、会社を辞めて税理士を目指すときも、セミナー講師になるときも、著者としてビジネス書を書こうとしたときも、相談した「友人たち」に反対されました。

「バブルが崩壊した今、会社を辞めるなんてとんでもない」

「全員合格の高校出身のくせに、超難関の税理士試験に受かるわけがない」

「人見知りの君には、セミナー講師なんてできないよ」

「オマエが本なんて出版できるわけがないだろ」

そんな、かつての友の数々の反対意見を押し切って、私は自分を信じ、次々と夢を実現したのです。


私は「本を出版しよう」というセミナーのお手伝いをしているのですが、そのセミナーの説明会に来る人たちは、皆、ヤル気満々で、目をキラキラ輝かせて本を書く抱負を熱く語ります。ところが、数日後、いざ、申し込みの段になると、土壇場でキャンセル。聞けば、周りに相談して止められて、自信を失ったというのです。

このように、本を出版したことのない人、独立した経験のない人、セミナー講師になったことのない人など、そのことに挑戦したことのない人に相談しても、リスクを考え、大抵はネガティブな意見しか返ってきません。**現状の環境を選んでいる人が、「現状の環境を変えなさい」とは言わないもの。**意識的にしろ無意識的にしろ、あなたに自分と同じ環境から抜け出して欲しくないと考えているのです。

20代後半の頃。私は、気の合う仲間と毎晩のように飲み歩いていました。

しかし、時の経つのも忘れて飲んだ翌日は、ブラック企業に勤めている現状への焦燥感にかられる日々だったのです。

そんな現状を変えるべくチャレンジした税理士試験。

夜間の定時制の大学を5年間かけて卒業した私が、一流大学の出身者と専門学校で知り合い、真摯《しんし》に勉強をする姿勢を学び、勉強し続けることの大切さを知ったのです。

税理士試験に合格したあとも、「税理士会に参加することで難関試験に5年も10年も忍耐強く挑戦し続け、独立開業を勝ち取った諸先輩」の意見に刺激を受けました。

税理士として顧問先が増えるたびに、「社員やその家族を守るために寝食を忘れて働く経営者」の姿に感動しました。

ビジネス書を出版することで多くの著者と知り合い、専門性の高い話を聴くことができ、人生が豊かになりました。もし、私が20代前半に飲み歩いていた仲間とずっとつるんでいたら、このような状況になることはなかったでしょう。

人は、環境に感化されます。チャンスがあれば、今の環境とお別れして、その先の向こう側にいかなければなりません。そこで出会った**新しい仲間は自分を高みへと連れていってくれます**。新たな環境に身を置いて、よい仲間と知り合ったとき、見たことのなかった世界が見えてくるのです。

朝の時間を確保したいあなたを強引に2次会、3次会に誘ってくる人は友だちではありません。そんな相手との付き合いは捨てて、新たな出会いに向かいましょう。

誰と付き合うかも大事ですが、誰と付き合わないかはもっと大事なのです。

6 計画を立てるときのコツ

「目的」が決まった！　その目的を達成するための「目標」も決まった！

そして、その達成のためには、「朝時間」の活用が必須だと気がつき、激務の毎日だったけれど、「捨てる」ことによって睡眠時間を生み出し、早起きも可能になった！

よし、次は計画を立てて、朝の時間を活用しようと燃えているあなた。この「計画」って、とても大切です。

「目的」と「目標」が決まっても、「計画」を立てないと行き当たりバッタリになってしまい、うまく進まなくて、だんだんツラくなり、付き合い残業と飲み歩きと惰眠の日々に逆戻りしてしまいかねません。

そうならないための、うまい計画の立て方のコツを1つお伝えしましょう。

それは、**「最初に作った計画の2割は削る」**というものです。

計画を立てるときというのは、モチベーションがマックスで気分も高揚しています。これもやろう！　あれもやろう！　と、つい何でも盛り込んでしまいがち。

ですから、最初に作った計画から、あえて2割を削るのです。

モチベーションが一番高い状態で作った計画では、スランプのとき、体調が悪いとき、会社が忙しい日が続いたとき、計画倒れになってしまう可能性が高い。

一度計画倒れになってしまうと、どうなるか？

がっかりして、早起きして目指していた「目標」を捨ててしまうのです。

「目的」を達成するためには、「目標」とともに、遂行可能な「計画」もなくてはなりません。

さて、これで「計画」も立てて、すっかり朝時間活用への準備が整いました。

次の章からはいよいよ、朝時間活用のための実践へと入ることにしましょう。

第4章

朝時間を確保する！超高速時間術

1 あなたは何時に起きて、何時間活動するべきか？

世の中には朝時間の活用に関する本がいくつも出ていて、本によって「朝2時間の勉強法」や「朝15分の活用を続けなさい」など、主張がいろいろあります。私から見ると、これらの主張は「どれも正解」。そして、どれも「不正解」です。なぜって、目標とするターゲットによって朝活に必要な時間は変わってくるはずだからです。

例えば、1カ月後に控えた日商簿記初級に合格するという目標だったら、毎日30分早く起きて勉強を続ければ合格レベルに達することができるでしょう。しかし、目標が司法試験合格なら、毎日30分ではとても無理。始める時期やそれまでの経験にもよりますが、3時間は朝の時間を確保する必要があるかもしれません。

仮に、あなたが営業部から経理部に配属されたとして、「1日も早く専門的能力を身につけて会社に貢献すること」を目的にしたとします。そのためには、日商簿記1級合格が目標。ただし会計知識がまったくない。そこで、3級の合格を目指すと決めたとします。

あなたがまずやるべきことは、日商簿記3級の合格レベルに達するために、何時間勉強すれば良いか調べることです。インターネットや書籍、専門学校のパンフレットに必要な勉強時間が載っているので、それを目安に勉強時間を設定します。もちろん、目安なので、商業高校出身者や過去に業務経験がある人は、自分の実力を加味して、勉強総時間を設定してください。

設定された勉強総時間が仮に45時間、試験まで約90日なら、45時間÷90日＝30分が合格に必要な1日の勉強時間ということになるわけです（話を簡単にするため休みや予備日を設定していません）。

次に、自分は何時間寝るのがベストの睡眠時間かを考えてください。

ちなみに、私のベストな睡眠時間は7時間です。それより短いとパフォーマンスが落ちるし、それ以上だと腰が痛くなるので7時間が理想的な睡眠時間なのです。

7時30分から出社の準備をすれば会社に間に合うなら、その30分前の7時に起きる。そのためには0時に寝るという公式になります。就寝時間を決める流れは以下のとおりです。

1. 目的を設定する
2. 目的にそった目標を考える
3. 目標達成のためには期限までに1日平均何時間の勉強が必要か考える
4. 自分のベストな睡眠時間を調べる
5. 出社準備時間（今まで起きていた時間）から、3で求めた目標達成のために必要な時間を差し引いた時間が起きる時間になる
6. 寝る時間を決める

先ほどの例でまとめると、

1. 1日も早く専門能力を身につけたい！

2. 日商簿記3級合格
3. 30分
4. 7時間
5. 7時30分－30分＝7時起き
6. 0時

となります。0時に寝て7時に起き、30分目標達成するための活動をして、7時半から出社準備をするということです。簡単な例ですが、目標を達成するためにかかる時間が長いほど、起きる時間が早くなり、寝る時間も早くなるということです。

計算上はこうなりますが、最初の朝活からハードルを高くしないほうがよいでしょう。いくら、合格のための勉強時間の設定が長いからといって、まだ、早起きにも勉強にも慣れていないのに、急に毎日4時起きして、3時間勉強するのは厳しいです。最初は30分早く起きる。まずは30分から自分を変えてみませんか。

2 起きる時間は臨機応変に

前述のように、日商簿記3級、2級、宅建、建設業簿記4級、3級、2級、1級、税理士試験などの資格試験にチャレンジして合格してきましたが、各々の試験ごとに、合格のために何時間勉強すればよいかを考えて、試験日までの日数で割り算し、朝に何時間を確保すればよいかを決めて、起きる時間を決めていました。

この朝時間で読書に特化したこともあります。私は書店で気に入った本を衝動買いしたり、話題の本をアマゾンで購入し、気づくと未読の本が300冊ほどたまっていた時期がありました。未読がストレスになり、これはまずいと、朝の2時間を読書に充てることにしたのです。

2時間ひたすら読んで、重要なところにはマーカーをし、感銘を受けた箇所は、ノートに書き写していきました。結果、年間２００冊の本を読破。積読《つんどく》の本が日々減り続けるのは、爽快でした。しかも、このときの集中的な読書は、後々、年1冊のペースでビジネス書を書き続けることができるバックボーンになったのです。

好きな本、興味のある本だったので、2時間読み続けることができましたが、学術書や仕事で必要な本の場合なら30分から始めることをおすすめします。

私は現在、月曜日から金曜日までは、ごくごく普通にサラリーマンとして総務経理の仕事をしています。はじめは30分早く起きていましたが、今では出社準備時間より2時間早く起きて、本や記事の執筆、読書などの時間を確保しています。今後はメルマガやブログで発信する機会を多くしようと考えているので、執筆中心の時間にしようと思っているところです。

私はこのようにして、仕事の疲れもなく、邪魔も入らない朝時間を臨機応変に活用して、5つの仕事をしながら、本の執筆もしているのです。

3 あなたの理想の睡眠時間は？

ここで睡眠時間についてもう少し触れておきます。

あなたは自分の理想的な睡眠時間を知っていますか？


睡眠時間に関するこんな実験データがあります。

普段1日平均7～8時間睡眠をとる健康な男女48名を集めて、ペンシルベニア大学とワシントン州立大学が行った実験です。

実験では、48名を「3日間眠らずに過ごす」「1日4時間眠る」「1日6時間眠る」「1日8時間眠る」という4つのグループに分けて14日間生活してもらいました。

その結果、実験期間中に脳が適正に働き続けたのは8時間睡眠のグループだけで、残りは、認知機能・注意力・運動神経などが、日を追うごとに低下しました。

さらに、この実験では、**「睡眠不足でパフォーマンスが低下しても、本人は気がつかない」**という興味深い結果も得られたのだとか。

つまり、「最近、寝不足が続いているけど、意外に平気じゃん」なんて言っていても、**脳のパフォーマンスは確実に低下している**ということです。

もちろん、寝不足は勉強効率も落とします。眠い目をこすって一生懸命勉強を続けるより、実はもう少し長く眠ったほうが高い成果を出せていたかもしれないのです。

以前私は、本で読んだ「3時間睡眠」にチャレンジしたことがありますが、耐えられたのは最初の2日目くらい。3日目以降は、日中に眠くなり、午後からのパフォーマンスも落ちました。

短い睡眠時間でも大丈夫な「ショートスリーパー」と言われる方々もいますが、それはごく一部。多くの方は7時間以上の睡眠が必要なのではないでしょうか？

ここで、安眠のために私が気をつけている5つのことをお伝えします。

①帰りの電車で眠らない

帰りの電車で寝てしまうと、深い眠りにつけないので、電車で寝ないようにする。私は、帰りの電車は、本を読む。もしくは、朝行った勉強の検証や改善を行う時間にすると決めています。

②夜はカフェインを取らない

夜にコーヒーや紅茶などに含まれるカフェインを取ると興奮して寝つきが悪くなります。私はカフェイン飲料を、就寝3時間前までには飲み終えることにしています。

③寝る前にブルーライトを浴びない

寝る前は携帯電話やパソコン画面のブルーライトを浴びないようにする。また、就寝30分前は電気機器を使用しない。人間の脳は暗くなったら眠るようにできていますから。

④太陽光で目覚める

人間の脳は、光を浴びてから約16時間後に眠くなるのだとか。つまり、太陽光で目覚めると、その日の夜、よい眠りにつけるのです。私は、太陽光で目覚めるように、カーテンを開けたままで寝ています。

⑤寝だめの習慣をやめる

私は、休日の寝だめをしません。「食いだめと寝だめはできない」という言葉がありますが、まったくそのとおり。寝だめは生活リズムを崩して、寝つきを悪くするだけです。私は、たとえ休日でも普段より1時間多く眠る程度と決めています。

すべてを取り入れる必要はありません。「自分にもできる」と思ったものから実践してみて下さい。

自分に合った睡眠時間を確保し、安眠できれば、朝の脳は絶好調です。

しかし、理想の睡眠時間は人によって、そして、年齢によっても異なりますから、

自分に合った睡眠時間は、自分で確かめるしかありません。

スッキリ目覚めた朝は何時間寝たときか？　休日の朝を利用して実験してみて、自分のベストな睡眠時間を見つけてくださいね。

4 自分が決めた時間に起きて、時に勝利する！

あなたが、早起きが苦手なら、もうひと言。

あなたは、なぜ、今の時間に起きているのですか？

会社に出社しなくてはならない時間から逆算して、自分で決めた起床時間に、嫌々起きていませんか？

今、「自分で決めた」と言いましたが、その時間は、本当にあなたが決めた時間でしょうか？　その時間に起きないと遅刻するからその時間に起きているというのであれば、それは、間接的に会社によって決められた起床時間です。

テレビ局のアナウンサーが、夕方のニュース番組から朝のニュース番組に担当が変わったら、放送の打ち合わせに間に合うように起きます。たとえ、3時起きだとしても「今日は、眠いから遅刻して行きます」と、放送に穴をあける人はいませんよね。

つまり、今のあなたの起床時間は、会社によって決められた「受動的起床時間」なんです。


しかし、あなたが自分の夢（目的）を実現させようと考えて、当面の目標を達成するために、逆算して決めた起床時間はこれとは違います。


会社によって決められた起床時間が「受動的起床時間」なら、**夢を実現するために自分で決めた起床時間は「能動的起床時間」です。**

資格試験に受かろうと決めて勉強する時間にする！

来年の昇進試験に受かるための勉強時間にする！

リーダーとして部下たちを指導するために、リーダー本やコミュニケーション本を読む時間にする！

そのために起きる！　これこそ自分で決めた真の起床時間なのです。

早起きが苦手な人には厳しく聞こえるかもしれませんが、「自分を変えたい！」「その他大勢から抜け出したい！」という強い意志があれば、どんなに朝が苦手でも起きることができるはずです。

私にしても、「この企画が本にならなければ自分のコンテンツが世の中に出る機会を失ってしまう」「より多くの方々に私の書いたビジネス書を読んでもらい、人生を豊かにして欲しい」

という目的があるから、５時に起きることができるのです。

ちなみに、独立開業した人やフリーランスの人は、朝、能動的に起きています。外部との打ち合わせなどが入っていなければ、極端な話、何時まで寝ていてもいい。なのに、そういう人に限って朝早くから起きて朝活に参加したり、ジムでひと汗流したりしてから１日をスタートさせています。

これも能動的な早起きです。

朝、最初の決断である「起きる」という行為を、人に決められた時間で起きるのか、それとも自分で決めて起きるのかで人生が変わると思いませんか？

個人的な思いでは、「出社時間に間に合うように起きる」という受動的な起き方は、なんだか「朝から負けた気分」になります（笑）。

誰かに決められた時間だから、まだ眠いのに、起きたくないのに、だるいのに仕方なく起きる……ではなく、自分の意志で起き上がる！

「起きる」という行為に対して、自分が主導権を握ったほうが、気分がいいですよね。

あなたもあなた自身の人生を変えるために、自ら起きる時間を、「能動的に」設定してみてください。

5 出勤準備時間短縮法①　時間はお金で買う

強い意志でせっかく早起きしたのに、家を出るまでの出勤準備に時間を取られてしまったら、もったいないですよね。

仮に、毎朝、この「出勤準備時間」に5分、余計にかかったとします。

今、たった5分と思いませんでしたか？

ところが、出勤日数が２５０日だとしても、１日５分は年間で１２５０分（20時間）。なんと、ほぼ１日分も損してしまうのです。これが10年続いたら１２５００分（２０８時間）！　もったいなさすぎです！

私は、主催している「時間効率のセミナー」で、参加者の皆さんによくこう言っています。

「時間はお金で買ってください！」

と言っても、あなたの出勤準備のお世話をしてくれる人を雇えというのではありません。もちろん、コストとの兼ね合いもありますが、いい製品を買うことで、出勤準備時間を短縮してくださいということです。

例えば、髭《ひげ》剃りの時間。

以前はホテルを利用するたびにカミソリを持ち帰り、その1枚刃のカミソリを使って髭を剃っていました。それがある日、知人から5枚刃のカミソリをプレゼントしてもらって、使ってみたら、これがもう、早い早い！　5倍の速さ！　そして、剃り残しがない！

考えてもみれば、1回肌にあてるだけで5回剃れるので、5倍速いのは当たり前。少しくらい値段が高くても、時間のロスと快適さを考えたら安い買い物です。

シャワーの時間も、ちょっと使うものを変えるだけで時間短縮ができます。

シャワー後に身体を拭くバスタオルのなかには何度拭いても水分を吸収しないダメダメな素材のタオルがありますよね。

毎朝使うものですから、少しくらい高くても水分をバッチリ吸収してくれるタオルで、気持ちよく時間短縮したいところです。

ドライヤーもそうです。

たまに、老舗の古びた旅館などに、盗難防止用にコードが壁に内蔵されているドライヤーがあります。そういうドライヤーって、熱量が低くて髪が乾きにくくてイライラしませんか。「いやこれ、誰も盗まないから」ってツッコミを入れながら、乾かしています（笑）。

自宅でそんなドライヤーを使っている人はいないと思いますが、安かったり古かったりするドライヤーでは、髪がなかなか乾かず、時間のロスになります。

思い切ってナノケアやマイナスイオンの出る最高級のドライヤーを買ってみましょう。私も使っていますが、もう考えられないスピードで髪が乾きます。しかも、髪がはねずに落ち着いてサラサラしていて、初めて使ったときは感動しました。

もし5千円と2万円のドライヤーがあり、2万円のドライヤーのほうが10分早く乾くなら、迷わず2万円のドライヤーを買ってください。

差額の1万5千円なんて、年に300回髪を乾かすとしたら、1万5千円÷300

日で1日あたり50円。5年使えば、1日あたりたったの10円。

10円ケチって1日10分を無駄にするか？　1日あたり10円の出費で、毎日10分を得するるか？　1分でも長く朝のゴールデンタイムを確保したいあなたにとって、答えは明白ですよね。

そして、髪は完璧な仕上がり。気持ちがいいし、家族がいれば、朝の洗面台を独占する時間も減らしてあげられる。洗面台で点けている電気代も節約。さらに、4人家族なら10円を4人で割ってお一人様なんと2・5円です！

なにか、ジャパネットたかたみたいですね！

決して、高級志向になって贅沢しろというのではありません。

安いものを買って**目先のお金を節約するより、「無駄な時間の短縮」という、長い目で見たときに得するほうを選択する**のです。

自己啓発の本などで、「時間は大切。時間はお金で買えない」などと書かれていますが、そんなことはありません。

大切な時間は、いい製品を買うことで、間接的にお金で買うことができるのです。

6 出勤準備時間短縮法②　時間を重複させる

お金を使えば「出勤準備時間」を短縮できるとお伝えしましたが、さらに、「時間を重複させる」ことでも、「出勤準備時間」は短縮できます。

例えば、私は朝起きたらまずシャワーを浴びます。そして、そのシャワーの最中に歯を磨いています。

以前になにかのテレビ番組で「歯茎を磨くと血行がよくなる」と聞いて以来、歯を磨くというより、正確には歯茎を磨いています。その番組では、コップは使わず、シャワーの水流で口をゆすぎ、歯茎に強い勢いでシャワーをあてることで、さらに血行が促進されて脳が冴えると放送していましたので、それも励行。やってみると、たしかに血の巡りがよくなり、脳も活性化する気がします。

何を言いたいかというと、私は、朝の出勤準備の必須事項、「シャワー」と「歯磨き」の**時間を重複させることで時間を短縮している**ということです。

前の項で、ドライヤーについて言及しましたが、実は私は今、会社帰りにジムに行ってシャワーを浴びてきたときぐらいしかドライヤーを使っていません。

なぜなら、起きて、まずシャワーを浴び、そのあとに、目標達成のための時間として、執筆や読書や勉強をしていると、その間に自然に髪が乾いてしまうからです。

ここでも、髪を乾かす5分の時間を、勉強時間のなかに重複させて、短縮しているのです。

7 出勤準備時間短縮法③
やらないことを決める

「出勤準備時間」を短縮する方法。３つ目は「やらないことを決める」です。

１つ前の項で、私はシャワーのあと、ドライヤーで髪を乾かさないとお伝えしました。実は、そうするために、１カ月に１度、美容院へ行って、髪を立たない程度にすいてもらい、特殊な成分の入ったカラー剤を使って、髪の毛が膨らまないように落ち着かせているのです。

美容院とカラーリングの値段は、結構な出費ですが、毎朝のゴールデンタイムを、「出社準備」という生産性のないことで浪費してしまうのはもったいないので、この方法を選択しています。もちろん、美容院に行くのは、平日、会社で働いたあと、ヘロヘロになっている集中力が切れている時間帯です。また、美容院を予約しているので、その時間までに仕事を終わらせなければと、締切効果も生まれます。私はこうして、朝時間という集中力の漲《みなぎ》っている時間帯に、「髪を整える」という行為をやらないでも済むようにしているのです。

ちなみに、シャワーのときは石鹸もボディタオルも使いません。身体はタオルで洗わず、手で洗います。ボディタオルは肌を傷つけてしまう可能性があると言われていますし、何より手のほうが時間の短縮になります。そう言えば、タモリさんはタオルを使わず、福山雅治さんは石鹸やボディソープを使っていないそうです。

前の項で髭剃りの話もしましたが、今は髭も剃っていません。週に2回、整える程度。しかも整えるのは夜。朝の貴重な時間に髭を剃る必要はないと考えてのことです。このように、常識を疑うことも重要です。「髪を乾かす」「身体を石鹸で洗う」「タオルで洗う」「髭を剃る」など、常識と思われていることを疑い、「やめられないか?」「時間帯を変えられないか?」と考えることで、無駄な時間を削ることができます。**無駄なことを排除することで「出勤準備時間」を短縮できるのです。**

「やらないことを決める」ことは、朝時間の確保だけでなく、日々の仕事でも役に立つ考え方です。「やらない」を取り入れると時間は一気に増えるのです。

ここで、いきなりクイズです。

それまで、約70年間も身体検査で測定されていたある項目が２０１５年に廃止されました。さて、その項目が何かわかりますか？

答えは「座高」。昔、座高が高い人は内臓が丈夫だという考え方があって計っていたと聞いたことがありますが、それにしても70年間ずっと計り続け、「これ、意味ないから、そろそろ計るの、やめにしない？」ってよく誰も言い出さなかったものですよね。

やらなくてもいいことを見つけるときに邪魔になるのが、この「慣習」という隠れ蓑《みの》です。理由はよくわからないけど、ずっとやってきたから続けている……ということがあったら、「本当に必要？」と疑ってください。

建設会社には、「原価計算報告書」という建設現場での報告書があります。

私が転職した建設会社では、かつて、会計ソフトで集計されたその数字を、わざわざエクセルに打ち直してカラー出力して、役員たちに回覧していました。

転職したばかりの私から見ると、どうして時間をかけてまで「数字の打ち間違いもあり得る無駄な書類」を作っているのか、さっぱりわかりませんでした。

最初は遠慮して黙っていましたが、転職して半年後、私は会計ソフトで出力された報告書をそのまま役員たちに回覧してみました。1カ月、2カ月、3カ月……誰一人として文句を言ってくる役員はいませんでした。

つまりは、昔、役員に気を遣って作り始めてしまったか、もしくは暇だった誰かが手間をかけて作っていたものが、今ではもう時間の無駄でしかないのに、慣習として残っていただけだったのです。

他にも、「お客様見込み情報」というファイルがありました。

取引先になる可能性のある見込み客の情報（会社名、住所、電話番号、FAX番号、メールアドレス、業種、社長の名前等）が紙でファイルされているのですが、過去のファイルを見ると、もう20年以上続いているのです。

これも、「見込み客の段階では、ここまで手間をかけて作る必要はないのでは？ネットからの情報を書き写しているのだから、そのまま見込み客のホームページ等を印刷して添付しておくだけで充分だと思うのですが……」と、転職して半年後に提案し、改善されました。

これなどは、まだネットが普及していなかった時代、電話や営業活動から聞きとった情報をもとに作成していたものです。古株の社員によれば、以前、事務の人数が多すぎて時間が余っていた時代に、時間を持て余していたので作成していたそうです。

今は、少数精鋭主義。社員の数も少なくなりました。社員が忙しく仕事をしていても、そんな慣習だけが残っているのです。

あなたの会社でも、こんな例はたくさんあるのではありませんか？

いつも回ってくるあの書類。大掃除のときにしか見ないあのファイル、毎月作るこの資料、本当に必要ですか？

このような、会社での古い慣習に気づき、「なくしてもよいもの」を見つけられるようになるためには、次の3つのコツが有効です。

○コツ1　新入社員の声に耳を傾ける。若い意見に対して否定から入らない

当社では、新入社員や20代の社員の話を聞くときは「否定から入らない」というルールを決めています。どんな突飛な意見でも、明らかに間違えていると思われる意見であったとしても否定しない。否定され続けた若手は、打ち合わせや会議で、もう言葉を発しなくなってしまいます。それに、実現不可能な意見も、その話からヒントを得て、仕事に結びついたり、改善方法が見つかったりする場合もあります。

○コツ2　普段から、ビジネス書や断捨離《だんしゃり》の本を読んで研究する

スキルアップ、キャリアアップが目標の人や、経営者で会社の働き方改革が使命の人などは、朝の時間を利用して、さまざまな本を読み、研究することで、無駄な時間をなくす改善をすることができます。

○コツ3　セミナーに行って新しい知識を仕入れる

私も時間管理の専門家と名乗るからには時間を見つけては、時間管理関連のセミナーに参加しています。そこで、使えるコンテンツを仕入れては実践します。朝の時間なら、倫理法人会や、その他の機関が開催している「朝の勉強会」に参加するのも、自分の知識を増やすにはよい方法です。

自分の感性を磨いて、**「やらなくてもよいこと」をなくし、あるいは朝の時間からずらすことで、朝時間を確保してください。**

8 バスルームで唱える「3つの呪文」

第4章では、朝のゴールデンタイムを確保するための実践として、「朝起きてから出勤準備時間」までの話をしました。とくに「出勤準備時間」については、シャワーを出たあと髪を乾かさないとか、髭を剃らないとか、恥ずかしいプライベートまでお話ししました。

お気づきですね。私の朝の出勤準備時間のシンプルさに。やっていることは、シャワーに入りながら、歯茎を磨く。それだけなのです。所要時間は約8分という短さ。しかも、実はこの8分のなかでもう1つ、もっとも重要なルーチンをこなしているんです。それは、シャワーを浴びながら次の「3つの呪文」を唱えること。

○呪文1　現在、達成しようとしている目的を唱える

○呪文２　今日行う計画をざっと確認する

○呪文３　「ありがとう」という感謝の言葉を言う

1つずつ見ていきましょう。

○呪文１　現在、達成しようとしている目的を唱える

あなたは、年始に立てた目標（目的）を覚えていますか？　私が20代後半だった頃のこと。初詣に行った私は、その神社の近くでダルマを買いました。縁起も担いで、30センチはあろうかというダルマを選び、帰宅してからその年の目標を唱えながら片目を入れました。その年の年末。ふと、そのダルマを目にした私は愕然としました。いったい、自分は何をお願いして片目を入れたのか、忘れていたのです。これでは、願いが叶ったかどうかもわかりません。人は忘れる動物です。目標は紙に書き、いつも眺める。そして、毎日唱えることが重要です。私は、それを毎朝のシャワーのときに唱えているのです。

○呪文2　今日行う計画をざっと確認する

注意点は、シャワーを浴びながら今日の計画を立てるワケではないということ。計画は昨日の段階で立てておきます。朝のゴールデンタイムに計画を立てるのは時間がもったいない。ここは、すでに立てている計画の再確認と微調整だけです。これからデスクに向かい、目的達成のために目標を実行している自分をイメージします。

○呪文3　「ありがとう」という感謝の言葉を言う

以前、ユーチューブで「銀座まるかん」創業者の斎藤一人《さいとうひとり》さんが、「感謝の言葉を言っていると運がよくなる」という趣旨のことをおっしゃっている動画に感化され、シャワー時に感謝の言葉を言うようになりました。具体的には「今日も（生きて）目覚めることができました、ありがとうございます」とか「感謝しています」などいろいろです。深く考えることなく始めましたが、たしかに感謝していると何も恨む気になれないし、気分がいいので続けています。そうしたら、最近、精神科医の樺沢紫苑《かばさわしおん》先生がメールマガジンに次のようなことを書かれているのを見つけました。

「感謝すると、ドーパミン、セロトニン、オキシトシン、エンドルフィンと、脳によい脳内物質が４つも出る。『ありがとう』は、コミュニケーションを深め、ストレスを発散し、自分の身体を健康に保つ魔法の言葉」

なるほど。これは、たしかに気分がよいわけです。

また、「日本褒め言葉カード協会」の藤《ふじ》咲《さく》徳《とく》朗《ろう》さんも、もう4年以上、毎朝布団のなかで以下の言葉を唱えているそうです。

- **私は日に日にあらゆる面で良くなっている**
- **私は自信に満ちあふれている**
- **私は幸せに満ちあふれている**
- **私は愛されている**
- **私は大金運を手に入れた**
- **私には無限の可能性がある**
- **私は成功することを知っている**
- **私に必要なことはジャストタイミングでやってくる**

・無限の富が私の人生にどんどんやってくる

・ありがとうございます。感謝します

さて、なぜ私がバスルームでこれらの3つの呪文を唱えるのか？　それは、**「習慣になっていないことを習慣化させるためには、すでに習慣になっていることとセットにすると習慣になるから」**です。最初は、朝、歯を磨きながら唱えていましたが、シャワーを浴びながら歯茎を磨くことが習慣になったため、一緒に引っ越ししてきたイメージです。

あなたも、シャワーを朝に浴びる習慣がなかったら、歯を磨いているとき、髭を剃っているとき、化粧をしているときになど、毎朝行っている習慣とセットで、この「成功する3つの呪文」を唱えてみてください。効果は保証します。ダマされたと思って本当にやってみてください。

本章では、朝のゴールデンタイムを迎えるための出勤準備時間まで進みました。次の第5章では、朝活の利点や効果について、お話しします。

第 5 章

早起きの絶大なるメリット

1 朝時間の利点・効果①
電話・メール・声かけがない

本章では、朝のゴールデンタイムが持つ、利点や効果を一気に確認しましょう。

言うまでもなく、朝は1日の始まり。あなたのエネルギータンクは容量満タンです。集中力がまだ1ミリも切れていないのが朝一番の時間です。目覚めた直後が、一番パフォーマンスが高い。「意志の力の供給」がもっとも高まる時間などと言われています。

たしかに、眠ることによって脳と身体が休まり、疲労を取り除いてくれている。悪夢でも見ないかぎり、起きた直後は、脳を使っていない状態ですよね。一説では、8時間の睡眠が理想と言われています。8時間と言えば、残業しないで働いた場合とほぼ同じ時間です。あれだけ激務だった時間と同じ時間を使って休んでいるわけですから、頭が整理され一番活動できる時間が朝だということがわかると思います。しかも、眠っていると8時間なんて一瞬ですよね。その時間を休養に充てているんです。

さて、そんな状況になっている脳を、フル活用しないのは、もったいない。しかも、会社で働く人にとって、朝には最高の効用があります。それは、**朝は3つの邪魔が入らない**ということ。3つの邪魔とは、**「電話」「メール」「声かけ」**です。

朝は、誰かから電話が鳴ることも、メールの通知も、部下や上司に声をかけられることもありません。朝以外で、そんな環境はとても作り出せません。メール、ライン、その他SNSの通知、部下からの相談、上司からの指示。やっと集中した頃に「石川さん、○○建設の△△様からお電話です」と電話がくる。とても1つのことに集中している環境ではありません。

朝の時間は、それらすべての雑音をシャットアウトすることができます。

あなたは「メールを見る1分くらいなら、問題ないのでは？」と言うかもしれません。いえいえ、**時間の長さではなく、集中力が切れてしまうことが問題**なのです。人間、せっかく集中ゾーンに突入したのに、一度途切れた集中力を戻すのは容易ではありません。

なのに、日中の会社は電話にメールに声かけと、この集中力をぶった切る要素にあふれています。もちろん気になる連絡や、お客様へすぐ返信が必要な連絡もあり、それ自体が悪いわけではありません。仕事上、必要な場合もあります。


余談ですが、私のチームでは午前中、メンバーが集中できるように、電話は持ち回りで一人が出ることになっています。他の4名は電話に出ず、自分あての電話がきても、銀行や重要な得意先なら別ですが、基本的には、その日の電話係が連絡先を聞いて、あとからまとめて返信電話をかける仕組みを作っています。

来客対応も同様で、持ち回りで担当が一人で行い、他の社員は目の前の仕事に集中するのです。さらに自分あてのメールも、タイトルを見て緊急のもの以外の対応、返信はすべてあと回しにするのがルールです。

午前中にためておいた電話やメールの返信などは、昼食後の集中力がなくなる（眠くなる）時間に一気に行います。

また、朝にミーティングを行うことによって、部下とのコミュニケーションを計り、些細な質問を午前中にしない、もしくは部下の能力（新入社員なのか10年目なのか）にもよりますが、部下に話しかける時間も決めています。

これくらいルールを決めないと、オフィスで集中力を継続させるのは難しいです。

それに引き換え、朝のゴールデンタイムはなんの苦労もなく、「電話」「メール」「声かけ」から解放されて、集中することができます。

本当にすごい時間、それが朝のゴールデンタイムなのです。

2 朝時間の利点・効果② 自動的に「期限」が設定される

私は、短くて1時間、長い場合だと6時間で、「タイムマネジメント」をテーマにしたセミナーを行っています。

もしもなんらかの都合で主催者から「3分でセミナーをお願いします」と言われたら（実際にはそんなことはありませんが……）、迷わず、「期限を決める」というコンテンツをお伝えします。

「期限」には、人を集中させる不思議な力が宿っています。

あなたにも経験があると思います。

「3日後までに作ればいい報告書」「6時間後に提出しなければならないお客様への企画書」、そして「1時間後に迫った取締役会の資料」。この3つの書類、決して同じような作り方はしませんよね。期限があれば、その期限通りに完成させようとして、それに合わせた作り方をするはずです。

１９５8年に、イギリスの歴史学者・政治学者であるシリル・ノースコート・パーキンソンが提唱した「パーキンソンの法則」。その第一の法則は、**「仕事の量は、完成のために与えられた時間をすべて満たすまで膨張する」**というものです。

つまり、人は2時間の会議なら無駄話をしてでも2時間かけたがるし、夏休みの宿題は、頑張れば10日で終わるものでも8月いっぱいまでかけてやろうとする。なぜか人は、与えられた時間すべてを満たすまで終わらせないという法則です。

逆に言えば、期限が短ければ「どう進めれば期限に間に合うか？」を考える。期限が、短ければ短いほど燃える。極端に言えば、**期限をシビアに決めれば、それに合わせて完成できる**ということです。

私はこの法則を知り、自分の経験から「その通りだ」と思ってから、部下には、ちょっと厳しいかなという期限をつけて、仕事の指示を出すようにしています。

その結果、部下たちは皆、急なアクシデントがない限り、合格点の点数がつけられる期待どおりの書類や企画書を、期限通りに提出してくれているのです。

作家の林真理子さんの著書、『野心のすすめ』（講談社現代新書）のなかに、「（私は）優秀な編集者と期限がなければ本は書けなかった」という趣旨のことが書いてあり、腑に落ちたことがあります。林さんのような大作家と自分を同列に言うようで恐縮ですが、私も「締め切り」があるから、1冊に8万〜10万字もあろうかというビジネス書が執筆できるのです。


「期限」が持つパワーがわかる例をもう1つ。

小学生の子どもに「片づけなさい、掃除しなさい」と叫んでも、なかなか言うことを聞きません。そんなときは、キッチンタイマーを片手に、こう言って「期限」を設定してみてください。

「じゃあ、このタイマーが鳴るまでにおもちゃを片づけよう！　よーいドン！」

タイマーは、片づけがギリギリで終わるくらいの時間をセットします。

言われた子どもは、ゲーム感覚で、なんとか時間内に終えようと、ウソのように片づけを始めます。もし、歳の近い兄弟で競わせたら、さらに効果的。我先にと片づけを始めます。これぞ、「期限」が持つ、強力なパワーなのです。
掃除するという明確な目標があっても、他に興味があったり、だるかったり、ヤル気がないと人は動きません。しかし、強い**期限があれば、人は動く**のです。「30分後に初めて恋人が家に来る」となったら、猛スピードで掃除しますよね（笑）。

朝のゴールデンタイムには、「出社準備の時間まで」という究極の期限があります。会社近くのカフェに寄っての朝活なら、「遅刻しないように会社に入る」というのが期限です。

会社に遅刻したら、「朝、5時にはもう起きていたんです」「2時間前には会社の近くに来ていました」なんて言い訳は通用しませんから当たり前ですよね。そんな理由、会社には関係ありません。

朝活は、「出社時間までに終わらせる」という「究極の期限」を自動的に設定してくれるのです。

3 朝時間の利点・効果③ 時間を濃くできる

いくらゲームが好きでも、朝、わざわざ早起きをしてゲームをする人はいません。それは、「ゲームをするくらいなら、寝ていたほうがマシ」とわかっているからです。

普段、何の目的もなく、会社に遅刻しないように行くことだけを目的にして起きている人は、起きたらまずテレビをつけます。そのあとはパーキンソンの第一法則の通り、時間いっぱいを使って、ダラダラと歯を磨き、シャワーを浴び、報道番組を見ながらホットコーヒーを飲む。悪意のある言い方ですが、以前の私がまさにそうでした。

一方、目的を持っている人は、起きてからの時間をダラダラと過ごすことはありません。ダラダラ時間を消費するくらいなら、寝ていたほうがマシだからです。

朝の時間は、その他大勢の人とは違うことをするから、価値がある。

朝のゴールデンタイムは、目的を達成するための「価値ある時間」に使うことで真価を発揮します。あなたの持ち時間を濃くし、その他大勢の人たちよりも、人生のアウトプットを早めてくれるのです。

あなたには、この人にはかなわない、この人のようになりたいと思う人がいますか？　もしいたら、その尊敬する先輩や上司の顔を思い浮かべてください。その人に追いつきたい、追い抜きたいと思ったら、その人よりも濃い時間を過ごさなければ、一生追いつけないでしょう。日中はお互い忙しいのですから、追いつき追い越すための時間は、もう朝の時間しかありません。

私は、前述のように、転職先の建設会社に入社して1年たらずで課長になりました。1年未満での課長昇進は、同社創立以来の最短記録です。なぜ、そんなことができたのかと言うと、私が朝の時間を使って自分の時間を濃くしたからです。

私が、その1年足らずの朝の時間を使ってやったことは主に次の2つです。

○朝時間にやったこと①　自分の会社について学んだ

まず、私は転職先の会社の資料を徹底的に読み込みました。社風、会計ソフトの種類、積算の仕方など、どんどん学んだのです。さらに、使ったことがない建設用のパソコンソフトや新型のテプラなどのマニュアルを読みあさり、会社にあるものはすべて社内で一番使える達人になるよう目指しました。

○朝時間にやったこと②　上司や先輩の読んでいた書籍を片っ端から読んだ

上司や先輩の読んでいた書籍のタイトルをメモしては購入して、片っ端から読みました。大切なところにマーカーをして自分の言葉に直し、考え方をマスターし、重要な箇所はノートに写してまとめました。そして、会議や打ち合わせや飲み会で、書籍にそった考え方で話して上司や先輩を驚かせたのです。それは驚きますよね！　自分がよいと思って買った本の著者と、同じ意見を言っているヤツが目の前にいるのですから（笑）。

このようにして、私は、**朝のゴールデンタイムに「人がやらないこと」をつぎ込ん**

で、**社内での信頼を得ることができた**のです。もともとは、早く会社に貢献しようとスキルアップするために始めたことですが、周りに求められ、課長に昇進することができたという次第です。

今にして思えば、上司や先輩が読んでいる土木建築関係や学術書を読むのはたいへんな苦労でした。まったく頭に入って来ないので、声に出して読んだり、図解を作ってみたり、日によって読む本を変えてみたり……。そこまで苦労しなくても、わからないところは、本を読んだ先輩に遠回しに聞けば、ずっとわかりやすいし、聞かれた先輩も喜ぶと気がついたのはずっとあとのことでした（苦笑）。

もう1つ付け加えると、入社して1年間は、諸先輩とコミュニケーションを深めるために、どんな残業（付き合い残業や理不尽な残業）でも断らず、飲み会や接待があれば100％参加すると決めていました。それを実行するうえでも、計画通りにスキルアップの勉強をするために、私に残された時間は、朝の時間しかなかったのです。

4 朝時間の利点・効果④ 家族と顔を合わせられる

激務のビジネスパーソンは、夜遅くに帰って来て、朝ギリギリまで寝ている。夜、自宅に帰ってくると、家族は寝ていて、朝起きると子どもたちは部活で既に自宅を出ている。こんなすれ違いの家族は多いのではないでしょうか？

実は、朝のゴールデンタイムに気づく前の私もそうでした。

夜は、「会社で資格試験の勉強をして0時までは帰らない！」と勝手に誓って勉強していました。前述のように、7時に起きる人は夜の19時～20時が、覚醒して作業を行う限界点。22時以降は、お酒を飲みながら作業を行っているのと同じ状況でした。

そんなこともまだ知らない私は、19時まで残業して、そのあと、独りでノンアルコールビールとともに夕ご飯。20時から勉強を始めていました。ちょうど、限界点の時間からスタートしていたのですから、いくら４時間デスクに向かっていても勉強がはかどるわけはありません。

15分勉強してはネットを見て、また15分勉強しては新聞を読むという不毛な時間の繰り返し。集中していないこと甚《はなは》だしい。今のようにフェイスブックやラインなどがあったら、さらに勉強できていなかったと思います。

体感的には、夜90分の勉強をするのと、朝30分やるのとでは一緒……いや、それ以上の違いです。

夜の時間を90分使うなら、朝30分早く起きて勉強するほうがよっぽど効率的だと私が保証します。

ちなみに、残業も一緒です。ダラダラと夜中まで残業しているなら、朝早く会社に行って仕事を始めるほうがいい。

日本電産の創業者である永守重信《ながもりしげのぶ》氏は、高名なコンサルタントからの経営指導を受けた際に、「社員の出社時間が遅い会社は、いくら熱心に指導してもよくならない」

と言われたそうです。

指導を受けた永守さんが「社員の出社時間」と「仕事の成果」との相関関係を調べたところ、出社時間が早い社員は成績が良く、遅い社員は成績が良くないことが判明したそうです。

この経験から、**「2時間残業する人よりも、朝30分早く出社する人を重視する」**と、社員に常日頃、伝えていたそうです（『「人を動かす人」になれ！』永守重信著　三笠書房）。

話を、家族とのコミュニケーションに戻します。

かつての私のように、夜、仕事のあとに会社に4時間も残って勉強するなどというバカなことをやっていたら、もう家族とのコミュニケーションの時間はありません。夜遅くに帰宅すると、朝は夜の疲れからギリギリまで寝ていることになるので、夜も朝もアウト。寝不足で会社に行くので、仕事の能率もアウト。

しかし、勉強時間を朝に移動してからは、勉強の効率がアップ。残業もしないので、家族との時間を確保しつつ、目標も達成できるようになりました。

ちなみに、わが家では「朝は絶対怒らない」というルールを決めています。

夜が遅くて寝不足だと、イライラして、普段なら怒らないこともつい怒ってしまいかねないので設けたルールですが、勉強を夜から朝に移したことで、毎朝、快適に迎えているので、今では形骸化しつつあります。

早起きは、ゴールデンタイムを活かせるだけでなく、このように、家族との時間を確保でき、コミュニケーションをとり、さわやかな気持ちで1日を過ごすことができるのです。

5 朝時間の利点・効果⑤ 「余裕」と「リズム」を手にできる

模擬試験ならまだしも、本試験に遅れてくる受験生がいます。

遅刻は、たとえ1分の遅れでも悲惨です。試験委員に先導され、背中を丸めながらバックを抱えて受験する席まで誘導される。三人掛けの真ん中の席だったら、さらに悲劇。「すみません、すみません……」と、小声でペコペコしながら席に着く。

どれだけ受かる能力があっても、相当、メンタルが強くないと合格は難しい。人は、たった1分の遅れで心の余裕を失います。

しかしこれが、逆だったらどうでしょう。

実際にはあり得ないことですが、もし受験で、あなただけが周りの受験生より1分早く試験を始められたとしたら……。

深呼吸して裏返しにされている答案を表にめくり、問題全体の素読みをして、どの問題から解答するか順番を考えることができます。あなたがそこまで進んでもまだ他の受験生はスタートも切れていない。これは、かなり心に余裕が生まれますよね。

この「心の余裕が生まれること」と同じなのが早起き、朝活の利点なのです。

自分で決めた早い時間に起き、王者のように時間を使う。今まで「うるせぇなぁ〜」と思っていた鳥のさえずりを優雅に聴くことができる。**早起きは、心にそんな余裕さえ生む**のです。

もう１つ。**毎日、自分が決めた時間に起きることで、生活のリズムも生まれます。**

毎日違う時間に寝て、違う時間に起きる。夜更かしした次の日は早く寝て、早く寝た次の日は夜更かしするという悪循環では、睡眠時間もまちまち。これでは、生活にリズムが生まれません。起きている時間に、最高のパフォーマンスを発揮するどころではありませんよね。それこそ、仕事中の居眠り予備軍になってしまいます。

毎晩23時に寝ると決めたら深酒もしないし、テレビの深夜番組をダラダラと見ることもありません。その代わり、「余裕」と「リズム」を得て、朝のゴールデンタイムに勉強をしたり、本を読んだり家族との充実した時間を作ることができるのです。

6 朝時間の利点・効果⑥ 自信につながる

朝活を三日坊主で終わらせず、毎日続けていると自信につながります。

私がかつて、10キロのダイエットに成功したときのこと。

当時の上司から、「体重を10キロ落とせたら、タバコも止められるよ」と言われたことがあります。しかし、当時の私は1日に2箱は吸うヘビースモーカー。こんなに好きなタバコを止めるなんて、到底、無理だと思っていました。

ところが、いざ10キロのダイエットに成功してみると、「ダイエット中、大好きだった（今も好きですが）パンやうどんなどの炭水化物をガマンできたんだから、タバコも我慢できないわけがない」という自信が生まれました。

そこで、摂取するタールの量を徐々に減らし、次に銘柄をしぼり、最後はその銘柄のタバコの本数を減らしていくようにしたのです。すると、今年で完全に禁煙し10年目になります！

とても止められないと思っていたのに、ダイエットを継続でき、目標を達成したことが自信になり、タバコを止めることもできたのです。

何か1つのことを継続して続けることができれば、それが自信につながります。そして、他のことも続けられるようになる。まさに、「継続は力なり」。この言葉をそのまま体験できるのが、「早起きの習慣」なのです。

ただし、**継続したからといって物事が急に変わるわけではない**ことは注意してください。たかだか、1～2週間続けたからといって、急に英語がペラペラにはなりませんよね。ここがわかっていないと、「続けているのに変わらない」と、変化のない自分に飽きてしまって、もしくは失望してしまって継続することを止めてしまう「残念な人」になってしまいます。

2週間に1度、ジムに通って筋トレの指導を受けていたとき、トレーナーに「あまり筋肉ムキムキにはなりたくないんですよ」と言ったことがあります。

するとトレーナーから失笑とともに、こう返されました。

「このペースの筋トレなら、100年続けてもムキムキにならないから大丈夫です」

そうなんです。2週間に1回鍛えてもムキムキになるほどの筋肉はつかない。

毎日毎日コツコツやることによって、自分でわかる変化が生まれ、周囲にも気づいてもらえるほど体が引き締まる。毎日の習慣にすることで、筋肉細胞は活性化するし、胸に筋肉はついてくるし、腹もへこんでくるのです。

毎日、やり続けなければ変化は起こらない！

日商簿記3級や宅建などなら、合格というカタチで成果が出ますが、同時通訳になるほどの語学力など、難易度の高いものは、継続していくことで徐々に成果が表れるものなのです。


もう10年以上前に読んだ書籍に出ていた言葉で、私が物事を持続できなくなりそうになったときに唱えている言葉があります。

「コツコツカツコツ」

つまり、「コツコツ勝つコツ」。語呂もいいし腑《ふ》にも落ちます。

これは、コカ・コーラ社のブランドマネジャーやジョンソン・エンド・ジョンソン等の社長を歴任した「伝説の外資系トップ」と呼ばれている新将命《あたらしまさみ》氏の言葉です。

「勝つ方法はたった1つだけ。あきらめずにコツコツやるしかないのである。これを私は『コツコツカツコツ』と呼んでいる」（『リーダーの教科書』新将命著　ダイヤモンド社）

経営の神様、松下幸之助《まつしたこうのすけ》氏もこう言っています。

「商売をやって失敗しない方法が1つある。成功するまでやめないことだ」

どちらも、忘れずにいたい言葉です。

7 驚愕の違い！ 朝時間と夜時間

第5章では、朝のゴールデンタイムが持つ利点や効果を、一気に確認しました。

いかがですか、朝時間を利用するメリット。すごい効果ですよね！


時間管理のコンサルタントをしていると、お客様からこう言われることがあります。

「目標達成のために2時間必要なら、帰宅してからの2時間だろうと朝の2時間だろうと使える時間は一緒でしょ？」


たしかに、同じ2時間です。しかし、時間の濃さがまるで違う！

秋元康《あきもとやすし》さんが若くして他界した同級生の葬儀に参列したときに、「人生はあっという間。人生は長さではなく深さなのだ」と言っていたように、**時間は長さではなく深さが重要なのです！**

もちろん、「明日の朝９時に締め切りが迫った提案書がある」とか、「明日の夜までに完成させなければならない工事を進めている」など、夜の時間の密度が濃くなる日もあるでしょう。

でも、それは期限が迫ってのこと。疲れ切った体にムチ打っての夜仕事です。強引にやることを詰め込んでいるだけで、決して、充実した濃い時間ではありませんよね。長続きもしません。

最後にダメ押しで確認です。

夜は、まだまだ時間があると思って夜更かしして過ごしてしまいます。
朝は、もう出社まで、これしか時間がないと密度濃く過ごせます。

夜は、テレビを無意識につけ、つい見続けてしまいます。
朝は、時間がもったいないのでテレビをつけません。たとえつけても、見られるのは出社までの限られた時間です。

夜は、「さあ、実行しよう」と思っても、たまったメールやラインに返信している間に、あっという間に時間が経ちます。

朝はまだ、急いで返信が必要なメッセージは届いていません。

夜は、目標達成の活動をしているときに、メールやラインの通知が届きます。確認の数分よりも、集中力が切れることが問題です。一度途切れた集中力はもとに戻すのがたいへんです。

朝は、目標達成の活動をしているときに、メールやラインで、集中力が切れることはありません。

夜は、夕食を終えたあと、満腹中枢が刺激され眠くなります。

朝は、朝食を食べたからといって、眠くなりません。

夜は、仕事のあとなので、疲れて集中力が低下しています。

朝は、集中力が漲る時間です。

夜は、朝帰りすると怒られます（笑）。

朝は、どれだけ早く起きても怒られません。それどころか、寒い朝、先に起きてリビングの暖房をつけておいてあげると喜ばれます。

朝時間の素晴らしさ、わかっていただけましたね！

もう、ここまで読んだあなたは、早く朝時間を活用したくてたまらなくなっているのではないでしょうか？

では、次の第６章では、ただでさえ素晴らしい朝時間を、より充実させるテクニックについてお話をしたいと思います。

第 6 章

朝時間を、夜の3倍、効率的に活用する方法

1 勉強効率アップ術①
景気づけルーチンワークから入る

この章では、ただでさえ集中できて効率が上がる（私の体感では、夜の3倍以上の効率）朝のゴールデンタイムを、さらに充実したものにするためのテクニックについてお伝えします。

1つ目のテクニックは、**「景気づけのルーチンワークから入る」**です。

例えば、あなたが朝のゴールデンタイムを使って目指している目標が「資格試験の合格」なら、1点、注意することがあります。

それは、**朝の勉強のスタート段階から、いきなり難易度の高い問題に手を出さないこと**です。

もし、前日の勉強が難しい問題の手前で終わっていたとしても、「今日は、昨日の続きなので、ここから……」などと、朝っぱらの一発目に難しい問題から始めないでください。

まだ頭のエンジンがかかる前に、いきなり難易度の高い問題からスタートすると、解けなかったり、理解するのに時間がかかったりして、その朝はヤル気も減退し、挫折してしまう可能性があります。私もかつて、「わからん！」と半ギレして、ベッドに戻ってしまうことが何度かありました。

どんなスポーツだって、最初はウォーミングアップから入りますよね。

同じように、まずは**準備運動がてら基礎的なところからスタート**してみてください。

資格試験のテキストなら、赤のマーカーを引いた箇所を緑の下敷きで隠して解いていくとか、語学の勉強なら前回覚えた単語の再確認とか……。

私が税理士試験の勉強をしているとき、朝の勉強のスタート時は、作成してある「間違いノート（自分が間違えた問題だけをピックアップしたノート）」を３ページだけ確認してから、その日に予定していた範囲の勉強を開始していました。

「間違いノート」を、言わば、その日の勉強を始める前の「景気づけルーチンワーク」にしていたのです。プロ野球選手も、バッターボックスに入る前に、集中力を高めるためのルーチンとして、自分に合ったいろんな恰好をしますよね。

そうやって、「間違いノート」で頭が回転し始め、集中力が高まったあとなら、難易度の高い問題や苦手な問題にもチャレンジしても挫折せずに済みます。

余談ですが、この「景気づけルーチンワークから入る」という方法は、仕方なく夜に勉強しなくてはならないときにも有効です。

朝と違い夜は疲れているし、誘惑も多い。気分が乗らないから着替えてから勉強しよう、風呂に入ってからにしよう、1時間だけテレビを見てからにしよう、ビールを1杯だけ飲んでからにしよう……など、と最初の1歩がなかなか踏み出せません。

そんなときこそ、「景気づけルーチンワークから入る」のです。

とにかく、テキストを開いて1ページ読むでも、簡単な問題を1題だけ解くでも、間違いノートを1問だけ確認するでもかまいません。

スタートさえ切ってしまえば、不思議な現象が！　つい、続きをやりたくなるのです。

こうした現象を、**「作業興奮」**と呼ぶそうです。

そんなわけで、朝のゴールデンタイムをより充実させるためのテクニック。

景気づけルーチンワークから入る。

スポーツ選手が行う試合前のウォーミングアップ感覚で、ぜひ、朝活に取り入れてください。

2 勉強効率アップ術②
デスクの上は「やること」だけにする

時間管理のコンサルタントを行っているとき、お客様の職場に伺うと、まず、目につくのは、デスクの上が乱雑になっていることです。

ですので、最初のコンサルティングは、「まず、デスクの上を片づけてください」と伝えることになります。

なぜ、デスクの上が汚いと効率的ではないのでしょう?

答えは簡単。

整理整頓されていなければ、「探し物」をすることになるからです。

モノを探している時間は、まったく生産性のない時間です。それなのに、ある商社の調査によれば、ビジネスパーソンは、1年で150時間もの時間を「探し物」に費やしているのだとか。

1年で150時間ということは、通勤日数が250日だとして、1日36分（150時間÷250日）です！　あくまで平均なので、デスクの上が汚い人は、さらに長い時間をかけて、毎日せっせと探し物をしていることになります。

時間だけではありません。

探し物の罪深いところは、集中力を途切れさせてしまうことです。

集中して仕事をしているのに、筆記用具が見当たらない、ホチキスの芯がない、提案書の作成に必要な資料が見つからない……。これでは、集中力が途切れて当たり前ですよね。

さらに問題なのは、机の上が乱雑だと、目の前の仕事に集中できないことです。

仕事ができなかったころの私の机。

処理しなければならない交通費の伝票、夕方までに提出しなければならない作りかけの企画書、明日、お客様に渡す提案書と金額を入れる前の見積書、次の人に回さなければならない回覧書類。電卓と大量のペンがささったペンケースと食べかけの「柿の種」の袋……。

もう、どれから手をつけてよいかわからず、思わず、柿の種の袋からピーナッツを取り出して食べることから手をつける(笑)。これでは集中できませんよね。

それどころか、整理整頓していないと、モノがなくなる可能性も高い。

電話を受けて、他の社員への伝言をメモしようとしても、メモ帳がすぐに見つからず、乱雑に置かれた書類の裏にメモしてしまう。あとから、どの書類に書いたかわからなくなって、さんざん探す羽目になったり、そのままなくしてしまったり。やっと見つけたら、お客様へ提出する書類の裏に、ボールペンでメモをしてしまっていて作り直しになってしまったり……。

無駄な時間がどんどん増えていきます。

というわけで、朝活の勉強効率アップのテクニックの2つ目は、**「デスクの上は、今、やっていることしか出さない」**です。

私は、基本的に、今行っている仕事の書類しかデスクの上に置いておかないことにしています。

それは、その仕事しか見ないようにするためです。

1つの仕事しかデスク上に出さないことで、その仕事だけに集中できるのです。

ですから、私のデスク上にあるのはパソコンと電話器だけです。筆箱も書類箱もティッシュ箱も、もちろん柿の種の袋もありません。

「デスクの上には、やるべきことを1つだけ出すようにする」と言いましたが、これは、会社近くのカフェで勉強するときも同じ。

あれもこれもと、カフェのテーブルの上にいろいろな「やること」を並べると、「今、やっていること」に集中できなくなってしまいます。

それに、テーブルの上にたくさんのものを出すと、書類にコーヒーをこぼしてしまうかもしれません。

3 勉強効率アップ術③ デスクの上は片づけない

朝活の効率アップのためのテクニック3つ目は、**「デスクの上は片づけない」**です。

前の項で「整理整頓しろ」と言ったあとで、「片づけなくてよい」って、いったいどっち？　と思われたかもしれません。それは、こういうことです。

もし、自宅に目標達成のための朝活用のデスクがあるのなら、デスクの上はいつも、昨日のままでOK、ということです。

つまり、その日の**朝活が終わるたびに、デスクの上を片づけることはしない。**片づけなければ、**翌日の朝活は、前の日の朝活の最後の状態のままになったデスクにつくだけでよいので、用意の手間が削減**されます。

人間、「用意する」って面倒なものです。

私はかつて、スポーツジムを3カ月ももたずに辞めたことがあります。ジムに行くたびに、使い終わったウェアやタオルを洗濯して次回に備えるのが大変。ジムではランニングマシーンに乗って歩くのに、駐車場に車を停めてジムまで歩くのは面倒。ジム自体は楽しいのですが、準備と手間を考えると面倒になり、つい足が遠のくのです。

現在、通っているジムはウェアもタオルもすべて用意されているので、持っていくのは靴だけ。駐車場も敷地内にあり6時間無料。とにかく行けばいいだけなので、手間いらず。おかげでずっと続いています。

手間がかからないと、人は継続できるのです。

デスクに向かうときも同じです。

昨日の続きを行うために、片づけられたテキスト類を、もう一度デスクに並べる。そのひと手間が、面倒だし時間の無駄にもなります。

昨日の続きから勉強するなら、デスクの上は、そのままにして、明日の朝も、瞬速で続きに取りかかれるようにしておきましょう。

4 勉強効率アップ術④「多動力」を使う

黙読して覚える。

声に出して覚える。

書いて覚える。

オーディオブックなどを使って耳で覚える……。

ひと言で「覚え方」と言っても、方法はいろいろあります。

これ、1つの動作で覚えるより、2つ以上の動作を合わせると記憶の定着につながると言われています。

考えてみれば、当たり前ですよね。同じ1分間の勉強をするなら、1つの動作で淡々と行うよりも、2つ3つと動作を重複したほうが覚える力が強化されるのは道理です。

あなたも、国語や社会など、座って聞いていた授業の内容は覚えていなくても、体育や技術など身体を使った授業だと、いつまでもやったことを覚えているという経験がありませんか？　自宅のソファで寝転んで読んだ箇所は覚えてないのに、買うか迷って書店で立ち読みした本の内容はよく覚えているということ、ありませんか？

これらは、身体も一緒に使っているので覚えている。行動を伴う学習は、記憶に残りやすいのです。

ですから、朝活でも、単に黙読するのではなく、声に出して耳で聞く、聞いたものをフィードバックして書きなぐる。オーディオブックを聴きながら小声で口も動かす。

4つ目のテクニックは、**「覚え方を重複させて、多動力を発揮させる」**です。

話す、見る、聞く、読む、動く、頷《うなず》く、叫ぶ……ぜひ、2つ以上の動作を組み合わせてみてください。

朝の限られた時間です。15分なら15分、30分なら30分をガムシャラに、恥ずかしがらずに！　もちろん、朝のカフェで叫んだら通報されてしまいますが（笑）。

たまには、朝のすがすがしい空気のなかを散歩しながら、オーディオブックを聴いて勉強するのもよいかもしれませんね。

5 勉強効率アップ術⑤ 耳を使って、どこでも勉強する

勉強は、なにも机に向かってするだけではありません。

シャワーを浴びながら暗唱したり、歯磨きをしながら、壁に貼った「覚えたいものの表」を使って暗記することもできます。

このような時間を重複させる勉強法で、とても有効なのが、前の項でも触れた、耳を使った学習です。

オーディオブックを聞くのなら、お風呂に入りながらでもできますよね。

耳での学習というと、語学を想像するかもしれませんが、最近は語学だけでなくビジネス書や自己啓発本などのオーディオブックも多数発売されています。

朝活の勉強効率を上げるテクニック5つ目は、**「耳を使って学習する」**です。

私も、時間管理系のオーディオブックを聴いたり、セミナー能力を高めるＣＤなどを聴いたりして、自己成長を心がけています。

もし、自分が勉強したい内容のオーディオブックがなければ、自分で作ればよいのです。ひと昔前なら恥ずかしかったかもしれませんが、今はなんでも自分で発信できる時代。ＳＮＳやユーチューブで発信している感覚で、音声を吹き込めばよいのです。

「耳を使った学習」の最大の利点は、何かをしながらでも、どこにいてもできるという点です。

朝早く起きても、諸事情で自宅では勉強できないなら、出社時間を思い切り早めてしまうという手があります。早朝は、電車も空いていて快適です。そして、朝のゴールデンタイムを活かすために、オーディオブックを聴きながら会社に行くのです。

自宅を早く出ることにより、通勤電車で座れたら、なおラッキーです。

朝の通勤時間に座れたら、それは、目的達成のゴールデンシートになります。仮に1時間の通勤で年に２５０日出勤なら、往復５００時間もの学習時間の確保！

私は、今は車通勤ですが、出張やセミナーで電車に乗る機会も多くあります。

そんなときは、たかだか30分程度の移動時間でも、グリーン車に乗ることにしています。「時間は金で買え」ですね。30分という貴重な時間を座って移動できるのなら特別料金は安いものです。本を読んだり、原稿を書いたり、勉強したり、**30分には無限の可能性があるのです。**

もちろん、グリーン車のない普通車に乗ることもありますが、周りを見ると、座っている人は眠っているか、スマホをいじっているかのどちらかです。しかも、大抵は、スマホで漫画を読むかゲームをしている……。

せっかくゴールデンシートに座っているのに、あまりにもったいない。

ふた昔くらい前のビジネスパーソンの多くは、電車の席でビジネス書を読んだり新聞を読んだりして過ごしていました。スキマ時間を利用して自分を高めていたのに、今では時間潰しのスマホです。

あなたが、もし、このスキマ時間（年間500時間）を、自分を高めることだけに使ったら、スマホに時間を使っているその他大勢から抜け出すことは簡単だと断言します。

耳を使った学習について、もう1つアドバイスです。

オーディオブックを聴くときは、1・2倍速や1・4倍速にして聞くことをお勧めします。

1・2倍ならすぐに慣れます。2倍速まで聞き取れるようになれば、かなり上級。他の人たちが30分かけて聞いているところを、2倍速だと1時間分の音声をインプットすることができるのです。ぜひチャレンジしてみてください。1・2倍速でも、会社に着くと、かなり早口で「おはよう」と挨拶している自分に気づきます（笑）。

速度を速めてオーディオブックを聴く癖をつけておくと、頭の回転が早くなるのか、書類を処理する速度も格段と早くなります。

速聴は、同じ時間でより多くの音声を聴ける以上の効果があります。ぜひ、試してみてください。

6 勉強効率アップ術⑥ ストーリー化する

昨日の夕食の献立は覚えていなくても、誕生日にサプライズで祝ってもらったときに食べた料理、初めてのクリスマスデートで彼女とレストランで食べたケーキ、東北東に向かって一気食いしてノドに詰まらせた恵方巻き、そんな記憶は何年経っても忘れないものです。

なぜ忘れないのかと言うと、その記憶のなかに「ストーリー」があるからです。

人は、ストーリーになっているものは忘れにくい。こんな便利な法則、勉強に活かさない手はありませんよね。

私は中学生の頃、世界史が苦手で嫌いでしたが、のちに子どもに買った「マンガ世界史」を読んでみたら面白くて、どんどん理解できるようになりました。

朝活の勉強効率アップのテクニック6つ目は、**「『ただ覚える』のではなく、『ストーリーにして覚える』」**です。

このストーリー勉強法は、なんにでも応用が可能です。

例えば、無味乾燥な民法を覚えるのにも使えます。

「そりゃ、契約自由の原則という、お互い了解したら契約は結べるだろうけど、騙されたり（詐欺）、脅されて（強迫）契約した土地は取り返せるよな！　その行為を知っている第三者（悪意の第三者）に所有権が移転していたとしても、もともとの土地の所有者に返すべき！　だって、悪いことをやっているのを知っていて買ったんだから。

じゃあ、その取引を知らない第三者（善意の第三者）に所有権が移転していたら、どうだろう？『殺すぞ！　ボケ！　家族がどうなってもいいのか！』みたいな感じで脅されて取られた土地なら、もともとの所有者に返すべきだよな！　でも、騙されて取られた土地だったら、騙される人にも非があるかなぁ〜。騙された人まで保護していたら、キリがないしなぁ」

と、こんな感じでストーリーにして覚えるのです。

単に「詐欺」や「強迫」などの単語や、「契約自由の原則で相互に合意していたら契約は結べる」「公序良俗に反していたら無効や取り消し」「では、悪意の第三者には？　善意の第三者には？」など、項目を丸暗記する必要はありません。ストーリー化すれば、生きた知識として頭に入ってきます。

このとき、**図やイラストを自分で作ってみるのも効果的**ですね。絵が得意ならコマ割りをして、手書きの漫画にしてもいい。そこまでやれば絶対に覚えられます。

もちろん、スキルアップのために読むビジネス書や自己啓発の本にも同じことが言えます。

コミュニケーションの本を単に読み進めるのではなく、立ち止まって、ストーリーにして空想してみるのです。

「自分の会社では、上司とどのような接し方をしたらよいか？」

「この本の、この場面のような状況になったら、部下の○○君は何と言ってくるか？」

「この決め台詞で、わが社で円滑にプロジェクトが進むか？」

本に書かれていることを、「自分事《じぶんごと》」にしてストーリーにしてみる。

そうすることで、読んでいるビジネス書が、自分主演のドラマの台本になり、ノウハウやコンテンツを活かすことで、ピンチを乗り越えるストーリーを体感することができるのです。

ここ何年か、ビジネス書や自己啓発本が「漫画でわかる○○」などというタイトルで次々と漫画化されていますよね。

あれは、ダテではなくて、ストーリー化することで、よく覚えやすくなるという効果も狙ったものなのではないでしょうか。

ストーリーにして覚える。

忘れづらく、より楽に覚えることができるテクニックです。

ぜひ、活用してみてください。

7 勉強効率アップ術⑦ カラーでビジュアルに訴える

某大手専門学校で受講生として講義を受けたときの話です。

講義を担当した講師は、小太りで背が低く、お世辞にも恰好いいという感じではない40代前半の方でした。

その講師の初講義のときのツカミのひと言に思わず笑ってしまいました。

「こんにちは！　ビジュアル系講師の〇〇です！」

えっ？　その見た目で「ビジュアル系」はないでしょ(笑)。

しかし、講義が始まると、その自称の意味がわかりました。

なにしろ、板書はピンクや黄色、青のチョークを使ったカラフルなもの。プロジェクターでカラー画像を駆使し、さらに、これまたカラーのオリジナルプリントまで用意してくれていたのです。

わ……、わかりやすい！

カラフルな色が目に飛び込んでくる感じで、難しい講義も楽しく聞くことができました。後日、その講師が、実はカリスマ講師として有名であると、他の講師から聞きました。

朝活の勉強効率を上げるテクニック7つ目は、**「カラーを使ってビジュアル化する」**です。

試験問題を解くときは、白い答案用紙に黒のシャープペンシルもしくは鉛筆というように、ルールで指定されています。

「僕のラッキーカラーは青なんで、青ペンで受験します！」と申し出たら、試験官にぶっ飛ばされます（笑）。というか、採点マシンに認識されなくて、0点になるかもしれません。

でも、自分で勉強するときは、好きな色が使いたい放題。

青でも赤でも、ショッキングピンクでもなんでもOKです。

筆記用具だけでなく、付箋紙や用紙の色でさえ自由ですね。

こんなことがありました。

20年ほど前、某社の会社の立ち上げを手伝ったときのことです。

私は、総務と経理の全般を任されていましたが、立ち上げたばかりなので資金的な余裕がありません。そのため会計ソフトも買えず、帳簿類はエクセルで作成していました。

そのときに、**役に立ったのが「色分けによる区別」**でした。量販店からピンク、水色、グレーのＡ４用紙を買ってきた私は、入金伝票の代わりの用紙はピンク、出勤伝票の代わりの用紙は水色、振替伝票の代わりの用紙はグレーというように色分けして出力し、ファイルしたのです。

貧乏ながらも、効率アップのためのひと工夫。ひと目見て何の伝票かわかるだけでなく、色には不思議な効果があって、無地の白い紙に黒ペンで書くよりも、高揚感ややル気が出たのを覚えています。

色は、右脳で認識すると言われています。書いて覚えるのは左脳ですから、**勉強に色を取り入れることで、右脳と左脳の両方を使って学習することができます。**

また、赤はヤル気、黄色は注意喚起、緑色はリラックス、青は集中や持続力など、それぞれの色には違った効果があります。その効果をうまく利用したり、その日の朝の気分によって色を使い分けたりするのも有りかもしれません。

長期に勉強しているなら、もっとも大事な箇所は黄色のマーカー、黄色ほどではないけど重要な箇所には緑のマーカーなど、**色に意味を持たせる**こともできます。

こうして色分けしておけば、短時間で復習したいときに、黄色いマーカーのところだけ、ざっと見直し、もう少し時間があれば、緑のマーカーのところも含めて見直すなど、効率的に、また、メリハリをつけて学習することも可能ですよね。

ぜひ、味気ないモノクロのテキストを、あなた色に染めて効率をアップしてください。

8 勉強効率アップ術⑧ G＋PDCAを回す

第1章の「人生逆転に成功できた、3つの勝因」でもお話をしたように、私は、製造業などで使うPDCAを応用して、勉強に使っていました。

計画（P）を立て、その計画にそって実行（D）つまり勉強をし、計算問題や模擬試験で検証（C）することで、合格点に達しなかった理由やケアレスミスなどを改善（A）するという流れです。私は、この流れの前に、もう1つ「Goal」の「G」を加えて、「G＋PDCA」というサイクルを回していたことは前述のとおりです。

朝活の勉強の効率を上げるテクニック。8つ目は、この**「G＋PDCA」というサイクルを回す**ことです。

通勤電車を例に説明しましょう。

税理士試験の勉強のために専門学校に通っていた頃のこと。私は、この電車のなかというスペースを勉強に活用したいと考えました。

通勤電車は、「到着まで」という「究極の期限」があるので集中力を生み出します。スマホさえ見なければ、邪魔が入ることもありません。座って通えるなら絶好の勉強部屋ですから利用しない手はないと考えたのです。

幸運にも、当時の私は座れる環境にあったのですが、1つだけ問題がありました。自宅から学校まで電車に乗っている時間が、片道わずか6分しかなかったのです。

通勤時間が長い人から見れば羨ましいほど短い移動時間でしょう。しかし、そこで勉強したい私にとっては、あまりにも物足りない時間です。

そこで、私は何をしたか?

自宅の近くにあった専門学校から、わざわざ都内の専門学校に変え、片道35分（往復70分）の時間を作り出したのです。

そこまでして手に入れた時間です。電車に乗り込んだら、何をやろうと考えている暇はありません。朝起きてからその日に行うことを考えるのと同じで、無駄な時間になってしまいます。

行うことはあらかじめ、乗り込む前に考えておきます。つまり、PDCAの計画（P）は既に立てておくのです。

そして、電車に乗ったらひたすら勉強（D）！

学校に着く35分という期限を使って勉強します。

そして、帰りの電車では、朝の続きを行うのではなく、朝の電車で学習した範囲の練習問題を解いたり、チェックペンでマークを引いた箇所を緑の下敷きで隠して答え合わせをするなど、検証と改善（CとA）を行っていました（「改善」では、せっかく計画を立てて電車に乗ったのに、スマホの通知音が鳴るとつい見てしまうので、電車内ではスマホの電源を切るという改善も行いました）。

このようにして、私は通勤で勉強するための「PDCA」サイクルを回したのです。

あなたも朝に勉強した箇所を、帰りの電車で検証・改善してみてください。

人は忘れる動物です。繰り返し覚えなければ忘れてしまいます。

朝に行った勉強がちゃんと理解できているか、帰りの電車で検証する。もし忘れているようなら、再度、覚える時間を計画に加える。覚えているようなら、もう少し勉強のペースを早めることもできるのです。

もちろん、ＰＤＣＡの活用は、資格の勉強以外にも効果を発揮します。あなたが営業職なら、朝の電車で営業関係のビジネス書を読む。読んだ箇所を仕事で実践（Ｄ）するのです。ビジネス書は実践しなければ意味がありません。書籍から読みとったノウハウを職場で試してみてください。そして、帰りの電車で検証（Ｃ）と改善（Ａ）を行うのです。

朝のゴールデンタイムに学んだことを実践し、帰りの電車で座れなければ、頭のなかでシミュレーション（検証）してもかまいません。うまくいった点はどこか？　うまくいかなかった点はどこか？　どう改善していけばよいのか？

実践し、検証し、改善して、計画を練り直して、また実践することで、実力がついてきます。

私も部下とのコミュニケーションがうまく取れなかったときに、ＰＤＣＡの繰り返しで、良好な関係になっていくことができたという経験があります。

9 勉強効率アップ術⑨ 周りの目を利用する

精神科医エルトン・メイヨーと心理学者フリッツ・レスリスバーガーらによって、アメリカのシカゴにあるホーソン工場で実施された、興味深い実験があります。

工場の名をとって「ホーソン実験」と名づけられたその実験は、「作業環境の条件を変えると、従業員の作業能率はどのように変わるのか?」を分析する目的で行われました。

実験の対象となったのは、大勢の従業員のなかから厳選された精鋭6名の女性従業員です。

実験ではまず、暗かった職場の照明を明るいものに変えました。

その結果、彼女たちの作業効率はアップします。

次に、休憩時間を多くしてみました。

結果、彼女たちの作業効率はさらにアップしました。

次は賃金を上げる、次は軽食の差し入れをする、次は部屋の温度を適温にする……。そのようにして、徐々に作業環境をよくしていったところ、そのたびに彼女たちの作業能率は上がり続けたのです。

と、ここまでの実験結果を見ると、「職場環境をよくすると、従業員の作業能率は上がる」と結論づけたくなりますよね。

ところが、この実験には続きがあるのです。

同じ6名の女性従業員が働く環境を、今度は、照明を暗くする、休憩を少なくする、賃金を下げる、軽食をなくす、部屋の温度を適温以上に上げる……など、徐々に作業環境を悪くしてみたのです。

すると、どうなったと思いますか？

当然、環境の悪化のたびに、作業効率は低く……なりませんでした。

なんと、職場環境が徐々に悪くなっても、彼女たちの作業効率は上がり続けたのです！

いったい、どうしてこんな結果が出たのでしょう？

カギは、彼女たちが大勢の仲間たちのなかから選ばれた精鋭であり、実験前に「あなたたちは大勢の従業員から選ばれた方々ですよ」「期待していますよ」「優秀な6名ですね」というような言葉をかけられたこと、そして会社幹部、研究者など多くの関係者に注目されながら実験が行われたという点でした。

彼女たちの作業効率が上がったのは、「環境の変化」ではなく、「期待されている」「注目されている」という「感情の変化」によるものだったのです。

余談ですが、私は、以前に勤めていた建設会社で、似たような現象を目の当たりにしたことがあります。

連日の長時間労働で、疲労が蓄積し、ミスも多くなっていた従業員たちの士気を上げるために、経営陣が給料をアップしたことがありました。

たしかに、給料が上がったことで士気は上がったのですが、それはほんの一時のこと。ものの3カ月もすると、アップした給料に慣れて、元の木阿弥《もくあみ》。

その後、何度か給料をアップしましたが、結果は同じでした。士気が上がるのは最初だけで、すぐにまた元に戻るのです。

そこで、今度は経営陣や管理職が現場へ訪問する機会を増やしてみました。

それまでは、月に1回の訪問だったものを、週1回に増やし、その時間を使って現場での困りごとなどの聞き取りをしたり、労をねぎらったりしたのです。もちろん、現場の仕事に支障をきたさないように配慮もしました。

するとどうでしょう。経営陣が気にかけることで、現場の士気は上がり、残業もミスも減っていくではありませんか。

ホーソン実験と同様、「あなたたちに期待していますよ、気にかけていますよ」というメッセージが、社員の感情を動かし、効率化につながったのです。

朝活の効率をアップさせるテクニック。9つ目は**「周りの目を利用する」**です。

ひと言で言えば、**「見られているという状況を作り出すことによって、自分のやる気を鼓舞する」ということです。**カフェや電車のなかのように、人がいる環境で勉強することとしかり、資格試験を受けることを周りや上司に言ってしまうこととしかりです。

言わば、**周りの目や期待を、自分を駆り立てる原動力にしてしまう**のです。

私のような、見栄っ張りには特に効果的な方法です（笑）！

第 7 章

誰でも
早起きできる
10のテクニック

1 朝活を定着させるテクニック①
目覚まし時計では起きない

ここまで読んで、「朝活の効能はわかった！　やりたい気持ちもある！　勉強効率をアップさせる方法も理解した！　でも、どうしても朝が苦手！」というあなた。

この章では、そんなあなたに「朝活を定着させるテクニック」をお伝えしたいと思います。

朝方に見る夢の7割は悪い夢と言われています。

夢の原因には、希望や願望などの前向きなものもありますが、反対に、心配事、ストレス、不安、恐怖、悩み、怒り、恨み、苦しみ、悲しみなどのネガティブな感情が、そのまま反映されることのほうが多いのだとか。

ゾンビに追いかけられたり、テストで答えがまったくわからなくて「ひ〜っ！」となったときに目が覚めて、「夢でよかった……」となったりすること、ありませんか？

このように、「あ〜、夢でよかった」となればまだいいのですが、問題なのは、嫌な夢、怖い夢、不吉な夢を見ていたのに覚えていない場合です。目覚めが悪いうえに、覚えていないので、払拭できずに不安だけが残ってしまう。

しかも、起きるきっかけが目覚まし時計のウルサイ音だったら、どうでしょう？大きな音に心臓がバクバクし、ますます、不快で不満で不安になりませんか？

朝の目覚めは、気分を盛り上げたいですよね。


朝活を定着させるテクニック、1つ目は**「目覚まし時計では起きない」**です。


では、どうやって目を覚ませばよいのか？

私は、**スマホに元気で明るくなる曲を入れてタイマーセットして起きています**。曲は、その時々の流行の歌でよいのですが、定番は映画が大ヒットした『ロッキーのテーマ（Gonna Fly Now）』や、アントニオ猪木の入場曲『炎のファイター INOKI BOM-BA-YE』などですね。それを、最初は小さく流して、少しずつ音量を上げていきます。

こうやって目覚めれば、直前まで悪夢を見ていても、それによる嫌な気持ちを塗り替えて、気分を盛り上げて起きることができます。

人の記憶は「積み重ね」です。失敗や失恋も、新しい記憶の積み重ねと時間の経過によって緩和されます。以前なにかで、「失恋したとき、悲しみを乗り越えるための最高の手立ては時間の経過」という趣旨の記事を読んで納得した覚えがあります。

私も20代向けのモチベーションアップセミナーを行うときに、受講生へ次のようによく言います。

「1年前の仕事の悩みを今もずっと悩んでいる人、いますか？　いないですよね。どうせ1年後には忘れてしまう悩みなら、ヘタに悩んでいないで解決する方法を考えたほうがいい。自分で無理なら、上司や先輩に相談して解決する。たとえ解決しなくても、1年後には思い出すこともないから、どっちにしても悩むことはありません」

話が横道にそれましたが、**悪い夢も明るく元気な曲で起き上がることで記憶を塗り**

替え、脳をリセットしよう、ということです。

1つだけ注意する点は、「明るく元気な曲」であって、「好きな曲」ではないということ。青春時代の曲や、別れた恋人との思い出の曲だったら、記憶を塗り替えるどころか、過去の悲しい記憶を呼び起こしてしまいます（笑）。もちろん、好きな曲が明るく元気になる曲なら、申し分ありません。

朝、どうやって目覚めるか？　という話を、セミナー講師の大先輩であり、ベストセラー作家の佐藤伝《でん》さんにお聞きすると、次のような起き方でした。

夜、カーテンやブラインドを少しだけ開けて眠りにつく。そして朝は、差し込んできた朝日の光で起きるのが理想。さらにタイマーをセットし、川のせせらぎや鳥のさえずりなどの自然音を流す。音楽で起きられなかった保険として、目覚まし時計をセットしておく。

「朝の光」→「自然音」→「保険で目覚まし時計」という順番で、もちろん、理想は、保険でセットしている目覚まし時計が鳴る前に起きることだそうです。

この方法、私も試してみましたが、自然音って、朝から心が安らぎます。

2 朝活を定着させるテクニック②
無我の境地で即行動！

電車の座席に座っていると、目の前に腰の曲がったおじいさんが立っている。「どうぞ」と声をかけても、「次の駅で降りるので結構！」「立っているほうがいいので！」「そんな歳じゃない！」と断られたらどうしよう……なんて、悩んでいるうちに席を譲れなくなる。

「この仕事、面倒なんだよなぁ～」「参考書類の量が多いなぁ～、読むの大変だなぁ～」……なんて考えているうちに、明日やろうと先延ばしにしてしまう。

「ええ～、もう、こんな時間かぁ～、起きなきゃな～」「あ～、今日は打ち合わせがあったっけ～、あの上司イヤなんだよな、ネチネチ嫌味を言って、何でも否定から入るし、話が進まないし」……なんて、思っているうちに起きる気力がなくなる……。

ありますよね、そういうこと。

人は、時間が経てば経つほど、言い訳を考えると言われています。

ですから、あらかじめ「電車で目の前に高齢者、妊婦さん、杖をついている人がいたら席を譲る！」と、決めておけばよいのです。決めておけば、言い訳を考える間もなく、反射的に立ち上がることができます。

面倒な仕事、難しい仕事を、つい先延ばしにしてしまうクセのある人は、「書類を見てしまったら、1ページでもいいからやり始める」と決めておけばいいのです。決めてしまって、1秒でその仕事に取りかかれば、思ったより簡単だったり、思いのほか捗《はかど》ったりするもの。

目覚めるときも同じ！　朝活を定着させるテクニック2つ目は、**「無我の境地で即行動！」**です。言い訳を考え出す前に、「無心で動く！」。

目覚めたら、布団のなかで何かを考える前に、ぱっと起き上がればよいのです。

考えるのは起きたあと。「朝日に気づいたらすぐ起き上がる」「目覚ましの曲が鳴ったらすぐ起き上がる」などのルールを決めておきましょう。

無我の境地で起き上がり、トイレに行くとかシャワーを浴びるなど、起きてすぐにやろうと決めていることにとりかかる。瞬速で次の行動に移りましょう！

3 朝活を定着させるテクニック③ 具体的な数字で脳に指令を出す

・毎日、腕立て伏せをしよう！
・英語のヒアリングの勉強を始めよう！
・行政書士になるための勉強を始めよう！
・ブログを書こう！

人は、それぞれに、いろいろな思いから、何かをやろうと決心して始めます。

しかし、前述のように、何かを始めるとき、「○○だから」という「目的」がなければ長続きしません。ですから、前記の場合、以下のように考えるのがベターです。

・好きな子と海に行くから、毎日、腕立て伏せをしよう！

・外資系の会社に勤めたいから、英語の聞き取りの勉強を始めよう！
・独立したいから、行政書士になるための勉強を始めよう！
・商品を売るために、ブログを書こう！

しかし、目的があっても、まだ弱い。次は、いつから初めて、いつまでに終えるかという具体的な期限を数字で決めます。
例えば、腕立て伏せが手段なら「好きな子と、来年の8月に海に行くから明日から毎日、腕立て伏せを30回しよう。今は胸囲が85センチだから、7月31日までに5センチアップの90センチにしよう！」と具体的な数字を決めるのです。

朝活を定着させるテクニック３つ目は、**「具体的な数字で脳に指令を出す」**です。

朝活が、「英語の聞き取り」なら、以下のように考えます。
「来年の就職活動で、外資系の会社から内定をもらいたい。期末試験が終わる来週の水曜日から、毎朝30分早く起きて、リスニングの勉強をしよう。注文した教材を１日

10ページずつ進めれば、3カ月でマスターできる。翌月から行くアメリカの1カ月留学にも充分間に合う！」

朝活が「独立のための行政書士の勉強」のためなら、以下のような感じです。

「今の職場から独立するために行政書士の試験を受けよう。許可関係の書類が落ち着くのが1月後半だから1月31日までに雑務を終わらせて、2月から本格的に勉強を始めよう。それまでに参考書と問題集を購入して、試験日の11月11日までに1日何時間勉強したら受かる力がつくか考えて計画を立てよう」

このように**具体的な数字を使って目的を達成するための計画を立てる**のです。

具体的な数字があることで計画通りの行動に移せますし、朝活を続けることにもつながるのです。

余談ですが、例えば、上司であるあなたが「明日までにこの書類を終わらせて」と部下に指示したとします。しかし、この「明日まで」は、明日の朝9時までなのか、昼12時までなのか、定時の17時までなのかわかりませんよね。

次の日の昼過ぎ、そろそろできたかと「昨日頼んでいた書類できた？」とあなたが聞くと、部下から「まだです。昼過ぎから作ろうと思っていました」という返事。でも怒ることはできません。具体的な数字を使って言わなかった、上司のせいなのです。

ちなみに、本の執筆には、編集者にすべての原稿を渡したあとで、初校、再校と、2～3回、加筆修正や誤字脱字のチェックをするチャンスがあります。

そのとき、編集者から「○月○日までに戻してください」という期限を言われますが、私の脳では、「○月○日の夜中の11時59分59秒まで」だなと認識されます。ギリギリまで何度も繰り返し見直したいからです。そのせいで、当日の20時くらいになっても修正済みの原稿を戻さないでいると、編集者から「まだですか？」と不安そうなメールがくることもあります。

しかし、数字を使うことで、お互いの誤解や言い訳の余地がなくなります。

話を戻すと、あなたの目的をより確実に達成させるためには、具体的な数字で目標を掲げる必要があります。その**数字が具体的な期限になり、あなたを動かす動機になり、そして、朝活を続ける原動力にもなる**のです。

4 朝活を定着させるテクニック④
現状維持バイアスの打破

目標だけではなく目的もある。具体的な数字で目標を達成させる期限も決めた。期限にそって計画も立てた、というあなた。前項の例で言えば、

・腕立て伏せがきっちり続いている。ときには33回、35回と目標を超える回数を行っている。胸囲も1センチ増えたし、5センチアップの目標達成も見えてきた
・毎朝30分の英語のリスニングを継続中。洋画を見ていても字幕がなくても分かるシーンが増えてきた。英検かTOEICの勉強も始めるかな
・行政書士のテキストが計画通りに進んでいる。3日に1回行うミニテストも順調に満点近く取れている。このペースだと再来年は司法書士の勉強を始めてもいいかな

と、すこぶる順調。

ところが、しばらく経つとフツフツとこんな思いが……。

・今日は寒いから腕立てしないで寝ていよう。ちょっと肩の張りもあるしな……
・もう3日もリスニングをしていないな。サークルの飲み会、ゼミの飲み会、合コンと飲み会3連チャンだったから、まあ仕方ないか……
・行政書士の勉強、進むにつれて難しくなってきたな。最初にやった箇所も忘れているし、仕事も忙しいし。試験を受けるのは再来年にしようかな……

目的も目標も具体的な数字を使った期限もあるのに、しばらく続けていると、やめたくなることがあります。年始に決めた目標、禁煙、ダイエット、ジョギング……ある程度の成果が上がっていても、急に続かなくなる……。

そんな経験、ありますよね。

なぜ、そうなるのかというと、行動経済学でいう「現状維持バイアス」が働きだしたからなのです。「現状維持バイアス」とは、大きな変化や未知なるモノを避けて、現状を維持していこうという心理的作用のことです。

朝活を定着させるテクニック4つ目は、**「現状維持バイアスの打破」**です。

変わろう！　今の自分から一歩抜け出そう！　違う自分になろう！　と盛り上がっていても、しばらく続けていると「今のままでいいじゃん」と、ストップをかけてくる指令が「現状維持バイアス」です。

私も、ダイエットや禁煙、退職、転職、税理士の勉強、セミナー講師デビュー、出版……。そうしたものに取り組むたびに、「変わらなくていいじゃん」「食べようぜ」「ストレス発散にはタバコを一服でしょ」「安定しているんだから辞めんなよ」「今の会社で十分」「合格率10％以下の試験なんて受けるのやめとけって」「講師なんて、わざわざ人前に出て緊張する必要ないよ」「1冊約10万字も書く時間があれば寝てようぜ」と、そんな内なる声が、現状を変えるのをやめさせようとしてきました。

しかし、私は、この「現状維持バイアス」を打ち破ってきたのです。

それは、最初の会社で行われた3年目研修でのこと。私は、「現状維持バイアス」を打破することの大切さを、2日間にわたる研修に組み込まれた役員5名の講話のなかで聞きました。役員の一人が「現状維持バイアス」の話をしてくれたのです。

内容は、「茹《ゆ》でガエル」という話。「カエルが入った容器のなかの水をゆっくり温めていく。すると、カエルの目はトロンとなり、気持ちよさそうにしている。水はどんどん温かくなり、気がつけば沸騰した熱湯のなかで、カエルは茹であがって死んでしまう」という、現状維持のぬるま湯に浸かり続けることの危険性を例えた話でした。

その役員は、「君たちも現状のままでは成長もできないし、会社のお荷物になってしまう。現状を変えるべき行動が必要。そのなかで、続かないと思ったときは現状維持バイアスが働いているせいなので、ぜひ、それを乗り切って成長して欲しい」と訴えたのです。

当時、初めて「茹でガエル」の例え話を聞き、この話だけがやけに印象に残りました。そしてその後、今、自分は「現状維持バイアスに入っているな」と思うと、茹でガエルになってはいけない！　と人生の指針の1つとして思い出すようになったのです。

ちなみに、この3年目研修の7年後にフォロー研修が行われました。その役員はすでに他界していましたが、各支店に散った同期と話をしたら、全員が「3年目研修で覚えているのは『茹でガエル』の話だけ」と言っていました。

それにしても、その役員の話のおかげで、私はこの会社を辞められたのですから、皮肉な話です。

「現状維持でいいじゃん」という内なる声が聞こえてきたら、あなたも「茹でガエル」の話を思い出して、ぜひ、「現状維持バイアス」を打ち破ってください。

5 朝活を定着させるテクニック⑤ ホットコーヒーは飲まない

朝のゴールデンタイムを活かすべく、早起きをしたあなた。

その瞬間から競争が始まっていると思ってください！


何の競争かというと、**「集中力」という貯蔵タンクがなくなるまでの競争**です。

私は集中力というものは、起きたときが一番あり、徐々に切れていくものだと思っています。ですから、起きた直後から勝負なのです。

その重要な時間を、ダラダラ過ごすのはもったいない。何度も言いますが、起きた直後の2時間と、昼間や夜の2時間では、時間の濃さが違う。集中力という「力」に差があるからです。

私が、バスルームで歯を磨き、髪を乾かすことも髭を剃ることもしないで、朝の支度を終えるのは前述のとおり8分ほどです。あとはスーツに着替えるだけで朝の用意は終了です。それもこれも、まだ集中力がピークである朝の時間を1分たりとも無駄にしたくないからです。

もちろん、朝のダンドリは人それぞれでしょう。鏡に向かって、笑顔の練習をするのが日課という営業職の方もいます。マナー講師で、姿見の前で全身を入念にチェックすることを課しているという方もいるでしょう。どんな用意の仕方でもかまわないのですが、ここでは1つだけお伝えしたい。

それは、**温かい飲み物を飲んで落ち着かないこと**。

朝活を定着させるテクニック5つ目は、**「ホットコーヒーは飲まない」**です。

朝の用意は、スピード第一です。温かいコーヒーでは戦えません。冷たいコーヒーで判断能力を研ぎ澄まし、目標達成の活動を行うのです。もちろん、朝の目標達成の活動が終わってから、ゆっくりコーヒーを飲んで会社に行くのはかまいません。

ちなみに、私は、大学時代から30年以上、ずっと朝食を取っていません。

「あなたも朝食を抜け」と言っているわけではありません。朝食は食べたほうがいいか、抜いたほうがいいかというのは、永遠の論争になっていますが、医者からの注意や指示がない限り、私は「自分の好きなほうを選べばよい」と考えています。

食べないほうが調子がよくて、頭も回転するのなら食べなければいいし、食べないと落ち着かないという人は食べればいい。

ただ、食べるにしても、食べないにしても、起きてすぐ温かい飲み物を飲みながら、ゆっくりソファに座ってくつろがないで欲しいだけなのです。


ずっと朝食を取らなかった私ですが、50歳を超えた今、健康にも気を遣うようになり、最近ではビタミン剤などのサプリを飲むようになりました（健康診断で急に数値が悪くなる年頃になってしまったのです）。

慌てて、タンパク質を摂るためにプロテインや「飲む点滴」と呼ばれることもある甘酒を飲んだり、健康管理に努めています。

それに、サプリメントや甘酒なら、食事と違ってすぐに摂取することができて、朝のゴールデンタイムを無駄にすることはありません。

ビジネス書を読んだり、勉強をしたりしながら、摂取することもできます。

また、プロテインは出社時に運転をしながら飲んでいます。

あなたが、もし私と同様に朝食抜き派なら、ビタミン剤などのサプリメントを利用したり、栄養になるドリンクを飲むことをお勧めします。

6 朝活を定着させるテクニック⑥ 最初と最後を重視する

税理士試験の受講生として、大手専門学校に通っていた頃のことです。

「予習復習をするなら、重要なことは一番最初と一番最後に覚えるのが効果的」

とカリスマ講師から聞きました。

言われてみれば、何時間も勉強しているのに、強烈に記憶に残っているのは、最初と最後に勉強したところだったりします。私は、この話を聞いてからは、意図的に朝活時間の最初と最後に重要箇所を確認することで、同じ時間をより有意義に使っていました。

私が毎朝、勉強を始めるときに、間違いノートから見たのは、前述のウォーミングアップのルーチンという意味とともに、そこに自分にとって確実に重要なことが書いてあったからだったのです。

朝活を定着させるテクニック6つ目は、**「最初と最後を重視する」**です。

私が講師として受け持った日商簿記では、講義の最初に前回の重要箇所を集めたミニテストを行います。それは、3時間という長時間の勉強をするウォーミングアップであるとともに、重要箇所を最初に確認することで、記憶の定着を図る意味もあったのです。

さらに、講義の最後の5分間で、重要だった箇所を総復習していました。もちろんこれも、最後の時間に重要なことを再度学習することで、記憶の定着を狙ったものでした。

あなたが、朝の時間を使って資格の勉強をしようと思っているなら、ぜひ、最初に重要な箇所から勉強を始めてください。

ただし、いくら重要でも、難易度の高い総合問題を解いたり、自分が苦手で大嫌いな問題から解こうとしたりするのは、かえって逆効果だというのは前述のとおりです。運よく解ければよいですが、解けないと一気にテンションが下がってヤル気がなくなり、フトンにまっしぐらに戻りかねません。

私のように、自分が間違いやすい箇所などをノートにまとめておき、そのノートからスタートすると、重要でありながら難しすぎず、最高のウォーミングアップになり、勉強に入りやすくなります。

さて、もう1点だけ。

この「最初と最後を重視する」というテクニックには、「朝活の勉強時間の最初と最後」という意味とともに、１日の最初と最後という意味も含まれています。

１日の最初は、もちろん朝活です。

そして、１日の最後は、夜、眠りにつく前です。

「夜は勉強がはかどらないと言ったじゃないか！」という声が聞こえてきそうですが、それは、朝活と夜の勉強をくらべたときの話。

朝活とは別に、**会社から自宅に帰ったときなど、寝る前に10分でも5分でもよいので、勉強する時間を設けることをお勧めします。**

できれば、勉強という行為を、寝る前の行事というか、ルーチンにする。

そうすると、眠っている間に頭のなかで記憶が整理され、定着につながります。

眠る前の勉強は、記憶を強固にしてくれるのです。

仕事で疲れてヘロヘロで帰ってきたのなら、夜の勉強は、途中までしかできなくてもかまいません。

人は、達成できなかった事柄や中断している事柄のほうが、達成できた事柄よりもよく覚えているという心理現象「ツァイガルニク効果」が働くので、夜の勉強は、途中までのほうがよいくらいです。

夜の勉強が途中で終わってしまったら、朝、ウォーミングアップのあとに、途中になった箇所から勉強することで、より一層、記憶の定着を図ることができます。

「終りよければすべてよし」ということわざがありますが、**勉強の場合は、「はじめと終わりよければすべてよし」**なのです。

7 朝活を定着させるテクニック⑦
テレビを捨てる

朝のゴールデンタイムに、ダラダラとテレビを見るのはもってのほか。あまりに、もったいない行為です。

しかも、朝の情報番組なんて、殺人事件、いじめ、自殺、虐待、交通事故、火事、芸能人のスキャンダル……そんな、ネガティブな情報で溢《あふ》れています。

一説によるとネガティブな気持ちは、生産性を30％下げ、ミスが10～20％増えるそうです。

さらに、テレビから聞こえる話題に耳を傾けていると、結論を言う前にＣＭへ……。分かっているけど、イラっとさせられます。

毎朝、会社に行く前にネガティブな情報のシャワーを浴び、ＣＭまたぎのストレスにさらされる。朝の情報番組は、朝活には百害あって一利なしと言い切りたい。

かといって、朝から食卓で家族の団らんがあるわけではないし、静寂はちょっと……というあなた。

ここはひとつ、ＣＤを聴いたり、ＤＶＤを見たりして過ごす時間にしてはいかがでしょうか。

英語や韓国語などの語学の勉強をしているなら、そのＣＤを聴く。

自己啓発や経営学を学びたいなら、稲盛和夫《いなもりかずお》氏や大前研一《おおまえけんいち》氏のＤＶＤを見る。

スピーチ能力、営業能力を鍛えたいなら、大谷由里子《おおたにゆりこ》氏や朝倉千恵子《あさくらちえこ》氏のＤＶＤを見る。

税理士や社会保険労務士などの資格の勉強をしているなら、それらの教材であるＣＤやＤＶＤを見聞きする時間にしてもいい。

現状を変えたい、スキルアップしたい、キャリアアップしたい、資格を取りたい、独立開業したい、転職したい、その他大勢から抜け出したい。

本気でそう思っているなら、朝のゴールデンタイムには、テレビは見ないで、自分の将来に影響を及ぼすものを見聞きする時間にするのです！

「いや、自分はどうしてもテレビを見てしまう。芸能ニュースや事件などが気になって仕方がないわけではないけれど、長年、朝の習慣にしてきたテレビを見ないと落ちつかない」というあなた。

テレビがガッツリと「現状維持バイアス」になっていますね。ヤル気がない朝に、つい惰性でテレビをつけてしまう……と、そんな場合もあるのでは？

そんなあなたは、どうすればよいか？

最終手段は、テレビを捨てることです。

朝活を定着させるテクニック。7つ目は**「テレビを捨てる」**です。

もちろん、勝手にテレビを捨てたら家族から袋叩きにされる方は別ですが（笑）、この「テレビを捨てる」という最終手段、かなり劇的な効果が期待できます。

私の友人にも、**テレビを意図的に捨てた人が何人もいますが、例外なく成功者**です。

しかも、大成功者が多い！

それもそのはず、「何かを捨てたら何かが入ってくる」のが世界の法則です。

朝のゴールデンタイムは無駄にしないし、夜、いつまでもテレビを「ながら見」する心配もない。今までテレビを見ていた膨大な時間を捨ててしまえば、その分だけ違うことに時間を使うことができます。

もちろん、その時間をネットサーフィンやＳＮＳに使うなら本末転倒ですが、**テレビを見ないことで浮いた時間を、自分の将来に影響を及ぼす時間に使うことができるなら、人生は劇的に変わります。**

成功者になるための一番簡単な方法は、成功者のマネをすること。

あなたがもし、テレビの誘惑に勝てない人で、内心は「テレビを見ている時間が惜しい！　本当に変わるための時間が欲しい！」と考えているのなら、「テレビを捨てて成功者になった」という人たちのマネをすることが、成功への近道かもしれません。

8 朝活を定着させるテクニック⑧ ニンジンをぶらさげる

前の項で、究極、テレビを捨ててしまおうと言いましたが、多くの方は家族がそれを許さないでしょう。

そこで、朝のテレビについては前の項で触れましたので、夜のテレビとの「共存方法」について、お伝えします。

テレビ好きの私ですが、絶対やらないことがあります。それは「ながら見」。どうしても**見たい番組は録画**して見ています。そうすれば、少なくてもＣＭをスキップでき、１時間番組も40分ほどで見られます。

さらに、**テレビ番組を「ご褒美」にしてしまう**というワザもあります。

朝活を定着させるテクニック8つ目は、**「ニンジンをぶらさげる」**です。

どういうことかというと、小さな目標を達成したときのご褒美として、録画しておいた番組を見るのです。

例えば、私は本を執筆しているときはほとんどテレビを見ることはありません。その期間は好きなドラマをすべて録画しておきます。そして、執筆が終わったところで、自分へのご褒美として、まとめて一気に見るのです。続きが気になっても、最終回まで録画しているので続きが見られます。

これ、はっきり言って快感です！

目標を達成した自分を褒めてあげるために、飲み屋で一杯もよいけれど、「よくやった自分、やっとあのドラマを見られるぞ！」も、よいモチベーションになります。

夜ダラダラとテレビを見て、睡眠時間を失わなくても済むのですから、一石二鳥です。テレビも、うまく使えば、勉強効率アップにつなげられるのです。

9 朝活を定着させるテクニック⑨ 昼休みは敗者復活戦！

ビジネスパーソンにとって、もっとも自由になり、邪魔が入らない時間は朝ですが、ときには、その朝さえ自由にならない事態が発生します。

急に休んだ同僚の分まで仕事が増えて、昨日は深夜まで残業をした。

幼馴染みの大親友が田舎から泊まりに来て深夜まで飲んでいた。

子どもが熱を出して、朝、病院に連れて行った。

そして、どうしても気が乗らなくてフトンから出られない日もあるでしょう。

そんな不測の事態で、朝活が計画通りに進まない日もあります。

計画通りに進まないのはストレスになります。完璧主義者だと、それがきっかけで朝活をやめてしまう人もいるかもしれません。そんなことにならないためにどうするか？　**朝できなかったことを、昼休みに行う**のです。

朝活を定着させるテクニック９つ目は、究極の救済ルール**「昼休みをバッファ（予備）にする」**です。

昼休みを敗者復活戦の時間にして、不測の事態による遅れを取り戻すのです。

朝の予定が15分、予定通りに進まなければ、昼休みの15分で補てんする。もちろん30分なら30分。２日休んで1時間行うときは両手で食べる物は我慢して、おにぎりやサンドウィッチ片手に頑張ってみる。帰宅後の時間、寝る前の30分など、あなたの仕事内容や、目的の難易度によって、朝のゴールデンタイム以外にも、勉強の計画に盛り込むのはよいのですが、**昼休みだけは予備時間**にしておいてください。

昼休みの時間は、朝活が計画通りに進んでいたら、そのまま休んでいいし、先の計画を前倒しして行ってもいい。しかし、予定していた計画が狂ったときに、そこで穴埋めできるように空けておいて欲しいのです。昼の時間は、スーパーサブという位置づけにしてください。途中出場のスーパーサブが決勝点を決めるように、あなたにとって昼休みは、いざというときに重要な役割を担うことになります。

10 朝活を定着させるテクニック⑩ 感動を思い浮かべる!

1日24時間。この1日を、「人生の縮尺版《しゅくしゃく》」に例えることがあります。

母親から生まれ、さまざまな歳月を過ごし、その一生を終えるという人生。
朝起きて、さまざまな時間を過ごし、そして眠りにつくという1日。
たしかに、似ていますよね。
人生の縮尺版である1日が繰り返され、積み重なって一生になる。
そう考えたとき、今日という1日がいかに大事だったかに気づきます。
あなたの、その大切な今日という1日も、終わりが近づいてきました。
ここで、眠りにつく前に1つだけやって欲しいことがあります。

それは、**今日、感動したことを思い浮かべる**こと。

「大型契約を受注した！」「社長賞をもらった！」「難関といわれる国家資格に受かった！」などです。ただし、毎日こんなすごいことは起こりません。

ここまですごいことでなくても、感動したことなら、何でもいいのです。

「残業しないで帰ったら、娘に抱きつかれた」「子どもと一緒に笑いながら食器を洗った」「実家の母親に電話したら喜ばれた」「久しぶりに家族4人で回転寿司に行った」

いや、もっともっと日常のことでもかまいません。

「コンビニで買った昼ごはんが美味しくて感動した」「自動販売機で買ったコーヒーがおいしくて感動した」「夕焼けが綺麗で感動した」「お笑い番組を見て面白くて感動した」「子どもの笑顔に感動した」「二日連続早起きできて感動した」

本当に、なんでもいいのです。そして、それを思い浮かべて眠りにつくのです。

眠る前には、マイナスになるようなことを考えない。失敗やできなかったことの反省は、明日、会社に行ってからしてください。たとえ小さなことでも、今日の感動を味わいながら寝るんです。

朝活を定着させるテクニック、最後は、**「1日の最後に感動を思い浮かべる」**です。

「食事ができた」「息をしている」「そうだ生きているんだ！」……普段意識していないだけで、感動の種は探せばそこらじゅうに、散りばめられています。

どれでもいいので、感動したことを喜び、満足顔で眠りについてください。

前述の佐藤伝さんによると、人は1日で約5千個のことを考えるそうです。

「面倒だな」「たいへんだ」「眠い」「ノドが渇いた」「腹が減った」「今日は暑い」「電車が混み過ぎだ」「せまい」「きつい」「カバンが重い」「会社に行きたくない」「得意先に行きたくない」「上司の顔を見たくない」「あと8分で昼休みだ」「昼を食べ過ぎて眠い」……と、こんな風に1日に約5千個もあれこれと考えているんですね。

しかも、その9割。つまり、約4千500個は、ネガティブなことを考えているのだとか。ネガティブ感情ばかりで1日を過ごして眠りについたら、悪い夢を見るのも当たり前かもしれません。前述のとおり、夢の7割は悪い夢。

しかし、寝る前に、たくさんの感動を思い出しながら満足顔で眠りについたらどうでしょう。記憶は上書きされ、感動に包まれ、楽しい夢を見て、朝もスッキリと目覚められると思いませんか？

そして目を覚ますと、新しい朝がやってきます！

朝活の継続で、目標を達成できる希望の朝です！

それでは、おやすみなさい……。

おわりに

時間は命!

20代前半までの私は、完全なる「夜型人間」でした。

繁華街からタクシーでワンメーターのところに住んでいたため、終電を気にせずに帰ることができました。お酒も大好きで、しかも強かった(今でもですが)。3次会、4次会は当たり前。始発で帰る友人に付き合い、明け方までカラオケボックスにいることもしょっちゅう。「付き合いがいい」どころか、むしろ、友人が終電を逃すように計算して飲んでいたぐらいです。

そして、休日は目覚ましをセットしないで寝ていました。そのため、起きたときに置き時計の針が5時を指していると、朝の5時なのか夕方の5時なのかもわからない……。そんなダメダメな人生を送っていました。

「自分の持ち時間は有限」だという事実を意識しないで過ごしていたのです。

私がいかに改心したか（笑）は、本文でお話をしたとおりです。

おかげさまで、生まれ変わり、今までビジネス書を8冊出版しています。

「勉強法」「リーダー論」「副業」など、ジャンルは多岐に渡っていますが、実は、共通して根底に流れているテーマがあります。

それは、**「時間は命」**だということ。

生まれてから死ぬまでの一生を数値化したのが時間です。

平均寿命の約80年を生きるなら、80年×365日×24時間＝70万8000時間が、命を数値化した時間になります。

この限られた時間を無駄に過ごすということは、命の無駄づかいに他なりません。

激務のビジネスパーソンであるあなたが、会社一筋（それが目的なら素晴らしいことですが）に生きて気づいたときには定年を迎える。

思えば、もっと趣味を広げたかった、もっと本を読みたかった、定年前に社会保険労務士の資格を取って独立したかった、英語の勉強をしてハワイで生活するのが夢だった……。あれもやりたかった！　これもやりたかった！　それなのに……。なにもできなかった！

「終身雇用、年功序列、24時間働けますか？」の時代を生きた諸先輩方は、自分の夢や希望を犠牲にして、日本の復興に身をささげていたと思います。

多くの子どもを育てる生活費も稼がなければならなかった。

経済的な事情で仕事中心の生活だったかもしれません。

ただ、それでも60歳で定年だったため、その後の暮らしのなかで、仕事以外に充実した人生を過ごされた方も多かったかもしれません。

しかし、終身雇用・年功序列が崩壊した現代のビジネスパーソンには、そんな第2の人生を過ごすことすら難しくなってしまいました。

いつリストラされるか分からない、会社が倒産や合併するかもしれない、ＡＩ（人工知能）に仕事を奪われるかもしれない、若い人材に抜かれるかもしれない……。

絶えず不安におののき、仕事のことだけを考え、しかも定年になってその仕事から解放されるのは65歳。いや、今の情勢だと70歳かもしれません。

「定年後に好きなことを」なんて思っても、やれることは限られていますし、ヘタをすると定年前に人生が終わってしまうかも……。

では、どうするのか？　**今から、変わる準備をする**のです！

いつ？

朝のゴールデンタイムに、自分の将来に影響を及ぼすことを行うのです！


最後に、もう一度言います。

朝の時間は１００％あなたのもの。誰にも邪魔されることはありません！

この、**「なりたい自分になるための唯一の時間」**を活かしてください！

「時間は命」なんです！

最後になりましたが、出版にあたり、ご協力いただいた多くの方々に、この場を借りて御礼申し上げます。

総合法令出版の山本堅太郎さん。「脳科学的なこと、学術的なこと、専門家の言っていることは関係ありません。サラリーマンとして働いている石川さんの、実践的で役立つ朝の時間の使い方を、ぜひ世の中に伝えてください！」と熱く語って頂き、ありがとうございます。おかげで肩の力も抜け、普段どおり実践している朝の過ごし方を書くことができました。

友人である西沢泰生さん。原稿チェック、情報収集、アイディアの提案、加筆修正など、大変お世話になりました。おかげで執筆に集中することができました。

グリットコンサルティング代表の野口雄志代表からも、様々なアドバイスを頂きました。ありがとうございます。

田舎にいるお母さん。

子どものころは、「カズオ！　朝だよ」「カズオ！　起きなさい！」と何度怒鳴られても、起きられなかった。しまいに夢心地のなか、「そうだ！　お母さんは僕を起こしているのではなく、同じ町内会のカイカズオ君を起こしているんだ！　お母さんは何て善い人なんだ！」と、無理な仮説を立てて起きずにいたけど、もう、あれから40年も経ったんだね。あのころは迷惑をかけていたけど、今では朝の時間の重要性に気づき、有意義に過ごしているよ。

そして、私より早起きをして、子どもたちの弁当を作っている真理。
高校生、中学生になっても、いつまでもカワイイ寝顔の天聖と凜。
３人が家族でいるおかげで人生を楽しく過ごせています。

最後に、この本を読んで下さったあなた。
朝の時間を活用して、今までにない新しい自分に出会って頂ければ幸いです。

石川和男

石川和男（いしかわ・かずお）

建設会社総務経理担当部長・大学講師・時間管理コンサルタント・セミナー講師・税理士と５つの仕事を持つスーパーサラリーマン
1968年北海道生まれ。受験者全員合格の高校と、名前さえ書けば受かる夜間大学（しかも留年）を卒業後、中小建設会社に入社。経理部配属も簿記知識ゼロのため上司から怒鳴られる日々を過ごす。
20代後半に「このまま一生を終えたくない」と一念発起。人生逆転計画を立て、税理士試験合格という目標を立てる。仕事で活用していたPDCAサイクルを取り入れることで効率的な勉強法を獲得。働きながら日商簿記３級・２級、建設業経理事務士２級・１級、宅地建物取引士試験に合格。税理士試験にも合格して目標を達成・開業。また、PDCAサイクルをスキルアップ・ダイエット・読書など様々な場面に応用することで、転職先では入社１年未満で課長に昇進（同社創立以来最短記録）。一方で税理士、講師、時間管理コンサルタントとして社内外で多くの指導を行っている。
近著に『G＋PDCA勉強術』（明日香出版社）、『人生逆転！　1日30分勉強法』（三笠書房）他多数。

石川和男　公式Facebookページ　https://www.facebook.com/IshikawaOfficial
石川和男オフィシャルサイト　https://www.ishikawa-kazuo.com/

30分早起きして自分を変える
すごい朝時間術

2019年３月22日　初版発行

著　者　石川和男
発行者　野村直克
発行所　総合法令出版株式会社
〒103-0001 東京都中央区日本橋小伝馬町15-18
ユニゾ小伝馬町ビル９階
電話　03-5623-5121
印刷・製本　中央精版印刷株式会社

落丁・乱丁本はお取替えいたします。

ISBN 978-4-86280-669-7
総合法令出版ホームページ　http://www.horei.com/